LOS CHAKRAS EN EL SIGLO XXI

Un estudio más actual

© **Adolfo Pérez Agustí**

LOS CHAKRAS EN EL SIGLO XXI

Un estudio más actual
edicionesmasters@gmail.com

Nos referimos a ellos como aquellos centros de energía situados en el cuerpo humano y posiblemente en otros animales, de los cuales fluye la actividad de la conciencia. Provenientes de la palabra sánscrita que significa rueda o vórtice, hacen referencia a diversos lugares de energía que componen nuestra conciencia y nuestro sistema nervioso. Los podemos encontrar situados entre las cejas, garganta, el corazón, el pecho, los genitales, el ombligo y en la base de la columna vertebral, entre otros.

Funcionando como verdaderos centros de distribución energética, al igual que una bomba o válvula, regulan el flujo de la energía a través de nuestro sistema orgánico, condicionando las decisiones que tomamos para reaccionar ante las circunstancias de nuestra vida. De una manera intuitiva y frecuentemente voluntaria, abrimos y cerramos estas válvulas para decidir cómo debemos sentir, asimilar y pensar, algo que logramos escogiendo el adecuado filtro perceptivo a través del cual queremos experimentar el mundo que nos rodea.

Para los budistas solamente hay cuatro chakras, pero otras tendencias, como la tibetana, nos describen un total de seis, llegando hasta siete en el tantrismo hinduista y hasta 100 sub menores que se denominan sub chakras o Marmas. Para todos los profesionales, sin embargo, los chakras no son físicos y los consideran como aspectos de nuestra conciencia, como las auras, pero más densos y con capacidad para interaccionar con el cuerpo físico a través de dos vehículos principales: el sistema endocrino y el sistema nervioso.

Ahora, muchos años después de su definición, los chakras son estudiados paralelamente a la física cuántica, quizá la única manera de darle validez científica, una vez que conseguimos apartarnos del esoterismo más irracional.

CAPÍTULO 1

Dicen que somos seres de luz, pulsando con la energía de la vida, moviéndonos en un gran campo vibratorio donde el sonido desencadena todas las reacciones físicas conocidas.

En el Ayurveda y muchas otras filosofías medicinales, el cuerpo físico es sostenido por el cuerpo astral que le sirve de plantilla energética sutil, mucho más fluido en la naturaleza, menos restringido y limitado que el cuerpo físico, lo que le permite hacer circular la energía a lo largo de la columna astral y restablecer la salud.

La tradición hindú avala la existencia de los chakras y los relaciona con cada uno de los cinco elementos y su distorsión afecta a las funciones físicas y psicológicas. La evolución o bloqueo de cada chakra se traduce en una emergencia de las cualidades espirituales, y el pleno despertar de un chakra se manifiesta como la expansión permanente de la conciencia y la realización espiritual.

Todos los chakras están íntimamente involucrados en la evolución de la conciencia, y su desarrollo y despertar son paralelos al proceso de iluminación, el puro conocimiento. En el camino espiritual, el individuo puede aprender a vivir y trabajar con la energía de los chakras directamente, acelerando así la madurez del pensamiento. Un chakra puede modificarse conscientemente a través de la respiración, la meditación, la visualización, y el mantra, o pasivamente a través de colores, aromas, hierbas y otras influencias ambientales y dietéticas.

El cuerpo causal, aquello que nos define, contiene las semillas más sutiles que se almacenan mediante las acciones acumuladas y los hábitos. Estas semillas "germinan" en el cuerpo sutil y se expresan a través del flujo de las energías elementales en cada uno de los chakras. Por último, los patrones energéticos surgen gracias a los rasgos físicos y las experiencias.

El ámbito de las terapias mediante este método, se puede extender desde lo físico a lo espiritual y hasta el cuerpo energético -mediante la curación espiritual-, o la curación en el nivel de la conciencia, que es el más generalizado y profundo. Las terapias no son únicamente espirituales, pues como toda materia está sostenida por la energía y los pensamientos. Además, hay distintos niveles en nuestra existencia individual y cambiar en cualquier nivel influye en los otros niveles de nuestro ser.

Cada uno de los siete chakras principales, está asociado a una de las siete glándulas endocrinas, a los siete colores básicos del arco iris, y a su vez con el grupo de nervios concentrados en el plexo solar. De este modo, cada chakra puede asociarse a partes y funciones concretas del cuerpo controladas por el plexo o por la glándula endocrina asociada a dicho chakra. También existe otra clasificación, en la cual podemos relacionar a los cinco sentidos corporales, más las percepciones extrasensoriales y el aura (nuevamente siete elementos), a los posibles estados de conciencia que nos permiten llegar a comprender los secretos de la existencia, y a cualquier otra cosa que podamos experimentar. Esto se clasifica en siete categorías, cada una asociada a un chakra en concreto.

Esencialmente, y esto debe quedar claro, los chakras no solo representan unas partes concretas del cuerpo físico, sino también zonas concretas de la conciencia, entendiendo como tal aquello que denota varios factores esenciales en la experiencia moral, como el reconocimiento y aceptación de un principio de conducta obligada. Este concepto es diferente para la teología y la ética, pues hace referencia al sentido inherente de lo bueno y lo malo en las elecciones morales, al igual que a la satisfacción que sigue cuando efectuamos algo correcto, o bueno, y a la insatisfacción y remordimiento que resulta de una conducta que se considera mala. En las teorías éticas antiguas, sin embargo, la conciencia se consideraba como una facultad mental autónoma que tiene jurisdicción moral, bien absoluta o como reflejo de Dios en el alma humana.

Para la física cuántica, especialmente para Max Planck (quien estableció que la energía se radia en unidades pequeñas denominadas *cuantos*), detrás de la realidad física debe estar una mente consciente que le permita existir, y detrás de este gigantesco universo debe haber también una gigantesca mente consciente que le dé vida y le permita existir materialmente. Con ello, la teoría de los chakras empieza a ser coherente.
Podemos afirmar entonces que nuestro cuerpo contiene un patrón de energía que trasciende la simple energía física, y que sería la energía consciente. Si la visión e incluso la visualización y la imaginación, son una propiedad de la conciencia, entonces la conciencia crearía lo que estamos observando y seremos partícipes de un mundo cuántico que cambia de estado de acuerdo a los observadores y los participantes de la realidad. Esto puede simplificarse asegurando que cada individuo recibe la información que puede entender, de acuerdo con su nivel de comprensión y asimilación consciente.

Si lo anterior es cierto, cuando se siente tensión en la conciencia se percibe en el chakra asociado a esa parte de la conciencia y, a su vez, en las zonas del cuerpo físico, que están relacionadas con ese chakra. Dónde sintamos el estrés dependerá del porqué sentimos ese estrés. La tensión del chakra la detectan los nervios del plexo relacionados con ese chakra y la transmiten a las zonas del cuerpo que están controladas por el plexo nervioso, una zona situada en el abdomen, detrás del estómago y en frente de la aorta y la crura del diafragma y que contiene varios ganglios de la distribución de las fibras nerviosas a las vísceras. En él se combinan las fibras nerviosas del sistema nervioso simpático y del parasimpático, contribuyendo a la inervación de las vísceras intraabdominales. Los orientales, sin embargo, hacen referencia al *Tanden seika (Tan- T'hien)*, un centro situado dos dedos por debajo del ombligo, y que supone el centro de la energía.

Las emociones que más alteran y desequilibran ambas zonas, plexo solar y *Tan T'hien*, son el miedo, la desesperanza, el odio, la ira, la repulsión y el dolor, mientras que el amor, la paz, el juego, la utilidad y el perdón, las estabilizan.

Cuando la tensión se mantiene durante un periodo de tiempo, o a un nivel de intensidad determinado, la persona crea un síntoma a nivel físico. Sería lo que denominamos como enfermedad psicosomática, en principio funcional (un órgano se desestabiliza), pues son los problemas emocionales los que desencadenan los síntomas y, posteriormente, cuando se origina el daño tisular (del tejido), las enfermedades.

El síntoma muestra un lenguaje específico que refleja la idea de que cada uno de nosotros crea su propia realidad, y el significado metafórico del síntoma se hace patente cuando éste es descrito desde ese punto de vista. Por lo tanto, en lugar de decir "no quiero verlo", la persona debería describir esa sensación como una repulsa para ver algo concreto, pues es obvio que cerrando los ojos –aún cuando no veamos nada- no podemos considerar que no vemos. "No puedo seguir adelante" significa que esa persona se abstiene de caminar para alejarse de una situación en la que es infeliz, pero realmente dispone de la facultad de caminar. Y así sucesivamente.

El síntoma sirve para comunicar a la persona a través de su cuerpo sobre lo que está ocurriendo en su conciencia. Si, al comprender el mensaje que ha enviado el síntoma, la persona cambia algo de su forma de ser, ese síntoma ya no tiene razón de existir y puede ser liberado, siempre que la persona se permita a sí misma creer que es posible.

La conclusión es que:

- Nosotros debemos creer que todo es posible.
- Debemos creer que todo puede curarse.

Simplemente se trata de cómo hacerlo.

Nota: a partir de ahora y para evitar un exceso de datos metafísicos que pudieran confundir al lector, en lugar de simplificar el conocimiento, hemos suprimido toda información no eminentemente esencial.

La mayoría de las fuentes coinciden en que los chakras se encuentran en algo que se llama el "cuerpo sutil". Incluso hoy en día, es extraordinariamente difícil de precisar con exactitud lo que significa "cuerpo sutil", un concepto que se menciona frecuentemente en el misticismo hindú. En sánscrito es *Sûkshma-Sharira*, que significa "sutil", "no manifestado", "oscuro" o "vacío" y también para hablar sobre los sueños, la actividad mental o cualidades de la mente.

El concepto Sûkshma-Sharira se define mejor como una colección de canales (*nadis*) a través de los cuales se mueve el *prana* o energía vital. Estos canales se creen tienen formas muy específicas, pero no está claro que tengan alguna sustancia significativa, tal y como tienen los vasos sanguíneos. Es más, con la tecnología actual ni siquiera podemos detectarlos. La acupuntura tiene su homólogo en los *meridianos*, los cables que parten y vuelven a los chakras.

Prana significa "aliento", y es considerada como la manifestación más material de la vida, aunque en un concepto más elevado nos referimos a una fuerza más allá de la respiración. Este cuerpo sutil es el eslabón que conecta el cuerpo material con alguna forma de conciencia inmaterial, y permite que la realidad se manifieste. También el cristianismo habla de la unión entre el cuerpo material y el alma (cuerpo sutil), y hasta los científicos han querido saber cuánto pesa el alma humana, unos 21 gramos –dicen-. No es mucho para algo que es inmortal, así que en realidad han debido pesar otra cosa.

Usted puede quedarse con la definición que más le guste:

- Los chakras son un centro energético que tiene varias interpretaciones, dependiendo del movimiento esotérico.
- Los chakras son en la terminología esotérica una palabra esencial, igual que en todos los demás movimientos similares como el ser, la salud mental, autorrealización, etc.
- Un chakra es un vórtice de sustancia etérica, que se forma entre la energía del cuerpo y la energía que lo rodea. Desde esta perspectiva los chakras no tienen mucha importancia al actuar como intermediarios.
- Los chakras son centros etéricos que ejercen gran influencia en la salud y el bienestar de las personas. Por eso tienen mucha importancia en los métodos de sanación espiritual.
- Los chakras son centros astrales de energía, y manejan el fluido de la energía entre el cosmos y el hombre.
- Los chakras etéricos son un puente entre el mundo astral y el mundo terrenal.
- Los chakras son centros de fuerza con poderes mágicos, y transmiten a las personas posibilidades especiales.

Lo único cierto es que todavía no hay una ciencia ni una metodología coherente sobre el chakra que integre (convincentemente) todos los elementos. Cada uno explica qué son los chakras de un modo diferente y estos son más ejemplos que contribuyen a la confusión:

- Energía sutil (nadis, Kirlian o cuerpo etérico bioplasmático según los teosofistas rusos).
- Algo que conecta con el sistema fisiológico (posiblemente sobre las glándulas endocrinas y el plexo nervioso).
- Es una función psicológica (puede estar ligada a las emociones, el intelecto, tal y como los hinduistas y budistas piensan).
- Se trata de una dimensión espiritual entre el polo espiritual inactivo, y el fisiológico activo (más o menos). También, hay quien dice que estos centros no tienen ninguna función espiritual.

- Relación con el micro/macrocosmos, una teoría que nos asegura que abriendo un chakra (polo no-fisiológico) podemos llegar a una percepción total del universo, psíquico o espiritual.
- Muchos tántricos insisten en que gracias a ellos lograremos llegar a otros niveles de conciencia superiores.
- Tampoco hay unanimidad con respecto al número de centros, su aspecto, latencia o potencia.

Para lograr una adecuada coherencia en el uso de los chakras y que este sistema pueda ser aplicado por cualquier profesional relacionado con la salud, necesitaríamos los aclarar los siguientes elementos:

1. Definir qué son los nadis.
2. La validez de la cámara Kirlian, o el cuerpo etérico bioplasmático de los teosofistas rusos.
3. La supuesta conexión fisiológica con las glándulas y plexos.
4. La función psicológica, si la hay, con las emociones y el intelecto.
5. El concepto de dimensión espiritual no ligado a las religiones. También, pudiera ser que los centros no tengan ni siquiera una función espiritual.
6. La posible relación entre nuestro universo interno (microcosmos) y el macrocosmos externo, y si es posible que lleguemos a percibir estos universos, sea mediante cualidades físicas o psíquicas.
7. Qué ocurre cuando consumimos, activamos o sedamos, un chakra.
8. Lograr una unanimidad con respecto al número de centros y su localización.

Lo que todos parecen admitir es que, dentro de cada cuerpo viviente, tanto en el aspecto sutil como en lo físico, hay una serie de campos de energía o centros de conciencia. En las enseñanzas tántricas tradicionales se llaman chakras o lotos, conteniendo pétalos en un número indeterminado. Al igual que una flor, los chakras pueden marchitarse por pensamientos desordenados y activarse mediante diversos sistemas.

Aunque la mitología inherente a los chakras nos pudiera parecer incorrecta, no podemos acusar a los chakras de ser una terapia basada en la fe de una tradición religiosa, pues es sencillamente una terapia médica muy antigua y posiblemente eficaz. A pesar de la ambigüedad, tiene detrás de sí mucha sabiduría y eso que todavía escuchamos eso de que se trata de "depósitos y transmisores de la energía universal." Quizá es que los metafísicos deberían estudiar algo de física básica.

Hay unanimidad en cuanto a:

1. Su mecanismo operativo es vibratorio y cada chakra tiene su propio potencial y efectos.
2. Esta vibración ocasiona una resonancia hacia un punto físico determinado.

Se dice que están localizados a lo largo de, o simplemente delante de, la espina dorsal, aunque pueden manifestarse externamente en ciertos puntos a lo largo de la parte frontal del cuerpo (ombligo, corazón, garganta, etc.) Asociado con estos chakras hay una energía sutil latente, llamada en Shaktism, *kundalini,* y *tumo* en el Tibetan Tantra budista.

El Prof. H. Motoyama afirmó en 1995 que posiblemente los chakras están cada uno cercanamente conectados con ciertos plexos nerviosos y con sus correspondientes órganos internos. Esta conexión, obviamente, no debe ser física, sino de naturaleza cuántica. La admitiremos como probable.

Los chakras pueden percibirse a través de la visión psíquica, o clarividencia ("vista clara"). Con esta idea los expertos "visualizan" los chakras como parte de sus ejercicios mentales, pero los teosofistas y los de la New Age, así como algunos clarividentes, dicen que los chakras tienen una existencia

objetiva independiente en los cuerpos sutiles que pueden ser percibidos por cualquiera que haya desarrollado facultades apropiadas.
Según la percepción del clarividente, los chakras se ven como vórtices de energía en cada uno de los cuerpos sutiles. Esto es de nuevo bastante diferente al hindú, a los tibetanos, y otras tradiciones, donde los chakras son centros sutiles de conciencia, pero no tiene ninguna energía propia.

La mayoría de los escritores esotéricos ahora también parece estar de acuerdo en que los chakras son los receptores de la energía que emana de la conciencia y transmisores que permiten a la persona que asimile la vitalidad cósmica necesaria para alcanzar estados de felicidad y conocimiento. Se pone énfasis, por consiguiente, en la salud de los chakras; si están abiertos o cerrados, bloqueados o estabilizados, y si giran en el sentido de las agujas del reloj o al contrario.
Entender los chakras permite razonar la relación entre nuestra conciencia y nuestro cuerpo y, de este modo, nos permite ver nuestro cuerpo como un mapa de nuestra conciencia. Nos aporta una mejor comprensión de nosotros mismos y de todo lo que nos rodea.

Los conocimientos más antiguos vienen de la India, pues en el budismo tibetano y en el yoga utilizaron para la meditación el conocimiento de los chakras, como un nudo en la base de la columna vertebral. A partir de esto, teósofos como J. Woodroffe (Avalon) y C. W. Leadbeater, transmitieron este conocimiento en los círculos culturales de occidente, aunque en la literatura occidental las informaciones acerca de los chakras que se remontan a la época anterior de estos teósofos, son muy escasos. Este tipo de escritos son algo muy valioso, pues nos dan la seguridad que los chakras al menos fueron examinados en diversos círculos culturales y han podido ser analizados objetivamente, sea mediante una explicación psicológica, médica o esotérica.

Leadbeater fue quien sugirió que los chakras son transformadores de la energía/conciencia y que se unen a varios cuerpos sutiles (el cuerpo etérico, el cuerpo astral, el cuerpo mental, etc.), funcionando según la frecuencia de la conciencia en el cuerpo más alto, para que pueda ser recibido por el más bajo.

Las especulaciones y enseñanzas acerca de los chakras tienen significados independientes según le queramos dar un sentido religioso, espiritual o yogui, en cualquiera de las tradiciones ocultas de la India, China, y Occidente. Aunque teniendo ciertos puntos básicos en común, éstos también difieren en muchos detalles. Nosotros reconocemos varios chakras y doctrinas diferentes que se han desarrollado en tradiciones esotéricas distintas con mayor o menor integridad, aunque hay algunos matices, por ejemplo:

1. El origen de la palabra chakra y su pronunciación particular es incierto, pero el hecho es que proviene de la palabra sánscrita *cakra*, y dependiendo del acento la podemos pronunciar como "cha-kra" o "cho-kro".
2. El uso moderno del término chakra -rueda- exige eso que en la terminología yoga se conoce como percepción del clarividente, pero no existe ninguna evidencia de que los maestros tántricos lo considerasen así e incluso que lo hayan experimentado de esta manera.

Para el hinduismo, Chakras significa "ruedas" o centros de energía y según esta creencia el cuerpo está atravesado por canales o *nadis*, unos 72.000, aunque otros escritos elevan esta cifra a 350.000, sin que sepamos quién y cómo se contaron. Puede ser que coincidan con los meridianos de acupuntura. Los *nadis* se consideran, pues, como circuitos energéticos que transportan energía vital a través de nuestro cuerpo energético. Cuando dos ó más *nadis* se cruzan en su recorrido, la energía mezclada forma un chakra.

El Budismo Tántrico (o Vajrayana) habla de unas etapas, aunque desarrollaron una versión bastante diferente de los chakras.

El budismo tibetano reconoce cuatro esenciales (ombligo, corazón, garganta, y cabeza), aunque luego menciona cinco, siete, o incluso diez chakras o "ruedas del cauce"; cada uno con un número diferente de "rayos". El chakra del ombligo, por ejemplo, tiene sesenta y cuatro rayos, el chakra del corazón ocho, el de la garganta dieciséis (el único que coincide con el esquema hindú), y la cabeza o chakra de la corona treinta y dos. Existen pocos datos para saber cómo llegaron a la conclusión sobre el número de rayos.

Hay también, como en Laya-yoga, un sistema detallado de correspondencias. Es significativo que en este sistema es la cabeza-centro, y no, como en muchas interpretaciones occidentales de Tantra hindú, el Perineal o la base, el que está asociado con el cuerpo y las sensaciones físicas. El centro de la garganta representa un estado más sutil de conciencia, el estado de sueño; y el corazón es el centro más refinado de todos, la meditación profunda, los que duermen.

La referencia que hacen es respectivamente a las "gotas" sutiles rojas y blancas en el ombligo y chakras de la cabeza, aunque a veces se mencionan otras gotas. A través de la disolución de estas gotas y de los distintos vientos sutiles, en el cauce central se logra la conciencia trascendente, algo que solamente se consigue con el yoga avanzado, pero también en el momento de la muerte. Esto constituye el fenómeno conocido como la "Luz Clara."

La unión continuada del yoga con los chakras se nos antoja poco objetiva y quizá la pretensión era conseguir que la mayor parte de la población practicara esta disciplina. Los maestros yoguis así, conseguían muchos alumnos.

15

El número y colocación de los chakras puede variar, aunque la interpretación más aceptada es la contenida en el *Kubjika-mata tantra*. En este sistema los chakras están situados en la región anal, los órganos genitales, el ombligo, el corazón, los ojos, la garganta y en la coronilla de la cabeza. La zona denominada como "Loto de mil pétalos", es la comprendida entre ambos ojos. El poder o *shakti* reside en el chakra base y una vez activado o despertado, sube hasta el loto de mil pétalos (*Shajasrara*, cima del cráneo) atravesando los chakras a medida en que desciende. Luego se une con Siva (el dios destructor) y es cuando el practicante alcanza la felicidad por haber logrado la unión absoluta.

En el Yoga Kundalini cada chakra se visualiza y se dibuja como un loto (Nelumbo nucifera o *loto sagrado*), cada uno con un número específico de pétalos girando, un color determinado y está asociado con una deidad y mantra.

La idea de la fuerza vital sutil (*prana*) y los cauces a lo largo de los que fluye (*nadis*), aparecen en muchos escritos antiguos procedentes del siglo VII-VIII a.C. Se decía que el corazón era el centro de los 72.000 nadis o cauces sutiles, y el lugar en el que los sentidos se retiran durante el sueño. Como muchas civilizaciones antiguas (por ejemplo, Egipto, Grecia homérica), el corazón también fue considerado el asiento del despertar de la conciencia, quizá porque apenas sabían nada del cerebro y sus funciones.

En los primeros años del siglo II a.C. y el II d.C., algunos escritos hacen referencia a los primeros conceptos tántricos básicos como chakras, mantras, y así sucesivamente.

El Brahma-*Upanishad* menciona que los cuatro "lugares" ocupados por el *purusha* (alma) son:

1. El ombligo
2. Corazón
3. Garganta

4.   Cabeza

Siguiendo la tradición común, cada lugar es caracterizado por un estado particular de conciencia:

1.   El ombligo (o el ojo) despertándose a la conciencia
2.   El corazón durmiendo
3.   La garganta soñando
4.   La cabeza, o condición trascendente.

Estos cuatro estados, originalmente son asociados en el *Mandukya Upanishad* con los dioses Brahma, Visnú, Rudra (un derivado de Shiva) y Akshara (el indestructible.) También con Mircea Eliade, el Yoga, la Inmortalidad, y la Libertad.

El Yoga Tattva *Upanishad* habla de las cinco partes del cuerpo que corresponden a los cinco grandes elementos cósmicos: tierra, agua, metal, aire, y espacio. Cada elemento corresponde a un mantra particular, esto es, una semilla o vibración, mediante una palabra mística que producirá un efecto determinado. Particularmente da énfasis al *siddhis* (el impulso supernormal), algo que puede lograrse a través del dominio del yoga y de otros elementos diferentes.

Los chakras también fueron mencionados anteriormente como las siete ruedas de un carro cósmico, que se representa en el cielo por las siete estrellas de la Osa Mayor, lo que llevó a la conclusión de que estas estrellas se corresponden con los chakras corporales. Algunos relatos posteriores utilizan la palabra sánscrita que significa loto (padma) como sinónimo de chakra, por lo que la referencia aquí es muy probablemente un concepto relacionado o antecedente. Sin embargo, la palabra "chakra" está ahora más relacionada con una forma redonda que gira como una rueda y eso no es una cualidad.

Huzur Swamiji enseñó que había seis mundos inferiores, asociados con los seis chakras más bajos, y seis más altos. En las palabras, él afirma haber ido más allá, y lograr una enseñanza más desarrollada.

Los mundos más bajos constituyen el universo espiritual material e inferior llamado *Pinda*, "cuerpo", mientras que los más altos, cada uno asociado con una melodía divina o vibración (*shabda* o nada), eran los mundos espirituales superiores, los mundos de la Mente Universal. Cada mundo es una región celestial gobernada por un dios particular, y aunque cada mundo parece ser el más alto, siempre hay otro que va más allá. Armonizando las vibraciones internas de cada uno conseguimos llegar al mundo "celestial", donde se puede ascender a través varios planos, hasta llegar al nivel de Dios, más allá de todos los mundos.

El brahmana Maitrâyana *Upanishad* describe los órganos del cuerpo humano como un conducto a través del cual el ser elemental, o la conciencia, actúa en el mundo. Otros pasajes describen los órganos como recipientes o conductos de divina energía (prana). Estas referencias tan sugestivas son ahora la base de los chakras actuales, pero en ningún modo en la antigüedad se consideraba la existencia de siete chakras concretos. Por los legados, podemos creer que anteriormente había más intuición que experiencias fidedignas.

Así que vemos que ahora el término chakras designa aquellos lugares en el campo áurico humano donde ocurre el torbellino energético y cuya anatomía está descrita en la literatura tántrica india y tibetana, y en los trabajos de C.W. Leadbeater y otros investigadores modernos como S. Karagulla, R. Bruyere y B. Brennan. Aunque existen diferencias entre estos autores, la mayoría concuerda en la existencia de siete grandes chakras en el cuerpo humano. Por ejemplo, Bárbara Brennan los describió como remolinos en forma de conos que apuntan hacia la principal corriente de poder, y su parte posterior se extiende hacia cada una de las siete capas de los campos en los que están ubicados.

Muchas funciones han sido adjudicadas a esos centros de energía, o chakras:

- Captación y asimilación de la energía para el Campo Energético Humano
- Relación con las funciones psicológicas
- Percepciones de alta sensibilidad
- Puertas a otras realidades.

La energía se transmite desde una capa a la próxima a través de aberturas en las puntas de los chakras. Como los chakras sirven para revitalizar el cuerpo, están relacionados con todas las patologías y han sido asociados a una glándula endocrina y un plexo nervioso principal.

Aunque más difícil de entender, se cree que absorben o canalizan la energía universal o primaria (llamada: ch'i, *prana*, orgone, etc.) la cual se divide en sus partes componentes y luego es enviada a través de los pasillos llamados *nadis* hasta el sistema nervioso, las glándulas endocrinas, y luego a la sangre para alimentar el cuerpo.

Los primeros escritos que hablan de los chakras como "centros de energía", datan del año 600 a.C, pero solamente hablan de cinco y no utilizan la palabra chakra. Ya emplean los colores para diferenciarlos, la forma geométrica (forma de loto) y hasta recomiendan ejercicios de respiración para estimularlos, asegurando que así tendremos poderes sobrenaturales.

Alrededor de los siglos 7 y 10 d.C., las descripciones de los centros se hicieron más variadas, incluyendo la descripción ya familiar de una rueda de energía dotada de color y pronto aparecieron ligadas al Yoga y a la energía espiritual denominada como kundalini.

La activación de cada chakra también a veces se asocia con el desarrollo de un poder específico psíquico o sobrenatural que se activa mediante algo que tiene forma de rueda (o rayos o vórtice) que gira rápidamente, en espiral.

Luego hubo quienes hablaron de chakras secundarios, quizá porque los conocimientos de anatomía y fisiología occidentales les obligaron a ello. El cuerpo humano ya era demasiado complejo como para creer que se podía regular con apenas siete lugares estratégicos.

Los seis centros

Hubo un texto, el **SAT Cakra Nirupana** (Descripción de los Seis Centros) que fue considerado como el más importante de todos, escrito en el siglo XVI, que se estudió en todo el mundo y que es sin duda el texto más importante sobre los chakras, y aún sigue siendo de obligada lectura, si lo encuentran. Allí se describen seis chakras, y uno más fuera del cuerpo. La relación es como sigue:

El chakra raíz (Muladhara) - La base de la columna vertebral, coxis.
El Chakra Sacral (svadhishthana) - Bajo abdomen / genitales.
El chakra del plexo solar (Manipura) - Abdomen superior, cerca del ombligo.
El chakra del corazón (Anahata) - Centro del pecho.
El Chakra de la Garganta (Vishuddhi) - Justo debajo de la laringe.
El Chakra del Tercer Ojo (Ajna) - Entre los ojos en el puente de la nariz.
El Chakra de la corona (Sahasrara) - situado en la parte superior del cráneo, o fuera del cuerpo directamente sobre la cabeza.

Cada uno posee cualidades específicas, incluyendo el color y la forma, con su propio significado espiritual y físico. Su traducción en inglés por Sir John Woodroffe contribuyó a su difusión mundial y en él describe a los chakras como "centros sutiles de la operación en el cuerpo", definiendo su ubicación y la función estrechamente ligados al conocimiento anatómico occidental de 1919. Woodroffe señalaba los seis centros relacionados con el *prana* en el cuerpo físico en relación a la médula espinal, afirmando una conexión directa entre los lugares de los chakras y el funcionamiento del sistema nervioso humano. El séptimo, el más controvertido, se estudiaba aparte.

Su análisis fue sin duda genial para su época, buscando unificar "la anatomía y la fisiología occidental de los sistemas nervioso central y simpático" con los chakras. Woodroffe estaba fascinado por estos paralelismos, pero también era muy consciente de que su texto podría ser mal interpretado y advirtió contra la idea demasiado simplista acerca de los chakras. Un texto denominado "El Poder de la serpiente", estropeó bastante su trabajo, pues empezaron a hablar de los chakras bajo conceptos puramente metafísicos y filosóficos, apartándose de la concepción occidental sabiamente iniciada. Otro despropósito fue el de Madame HP Blavatsky, una autoproclamada médium y vidente, quien difundió una idea de los chakras vagamente basada en las enseñanzas de la India, gran parte de improvisación y embellecida significativamente con la prueba testimonial derivada de los autoproclamados poderes psíquicos de la autora.

Leadbeater, ofreció una visión matizada por sus poderes "psíquicos" sobre los chakras, aunque ahora ya hablaba de vórtices giratorios y que podían ser vistos por los clarividentes, una plaga entonces. Despreció la relación con el sistema nervioso, y aseguró que su activación dependía de la moral del individuo, pues la energía provenía de Dios.

Sri Aurobindo (1872-1950) fue el único representante de la psicología vertical o jerárquica ("psicología íntegra"), cuyas conclusiones sirvieron como base para su concepto de los chakras. Lo siguiente resume su psicología (con niveles diferentes de altura de conciencia con los chakras tántricos):

- Centro bajo (muladhara) "gobierna el físico debajo del subconsciente"
- Centro abdominal (swadhishthana) "gobierna la vitalidad más baja" y sólo tiene relación con los *greeds*, los pequeños deseos, las pasiones pequeñas, etc., que constituyen el material diario de vida para el hombre sensacional ordinario
- Centro del ombligo (manipura) "gobierna la vitalidad más alta"
- Centro del corazón (anahata) "gobierna al ser emocional"
- Centro de la garganta (vishuddha) "gobierna la expresión y los sentimientos externos"
- Centro de la frente (ajna) "gobierna a la mente dinámica, amor, visión, la formación mental"
- El loto de los Mil Pétalos (sahasrara) otorga "las órdenes de la mente al pensamiento más alto, aunque para ello hay que iluminar los caminos de la vida y los sentimientos, potenciando la intuición a través de la comunicación o el contacto inmediato."

La doctrina de **Shakta** (un grupo religioso hindú) desarrolla y postula siete chakras:

1. Muladhara o "Apoyo de la Raíz" situado en la base de la espina con cuatro "pétalos"
2. Swadhishthana o "Propia Morada" en la raíz de los genitales con seis
3. Manipura o "Llenura de Joyas" al nivel del ombligo con diez
4. Anahata o "Melodía de Unstruck" en el centro del corazón con doce
5. Vishuddha o "Pureza Completa" en la garganta con dieciséis
6. Ajna o "Orden de Gurú" en la frente con dos
7. El centro de la Corona, el Sahasrara-Padma o "Mil Pétalos de loto", localizados en la misma cima de la cabeza, no

está, hablando técnicamente, en absoluto considerado como un chakra, sino la suma de todos los chakras.

Los chakras se describen aquí como estaciones o centros de pura conciencia (chaitanya) y de conciencia-poder. Son puntos focales de meditación, una iconografía estructurada dentro del oculto o "cuerpo sutil." Aparte del Sahasrara, cada chakra se describe por medio de una porción entera de asociaciones simbólicas o correspondencia.

Si tenemos en cuenta la especulación del *Upanishad*, cada chakra, así como tiene una posición específica en el cuerpo físico, elemento, mantra, y deidad, también tiene un número particular de "pétalos", cada uno asociado con una de las cartas del alfabeto Sánscrito. También posee un color correspondiente, forma, animal, plano de existencia, sentido y órgano.

Como normalmente ocurre con los sistemas esotéricos intelectuales, muchas de estas correspondencias son arbitrarias, por ejemplo, el olor y los pies con el Muladhara, el sabor y las manos con Swadhishthana, la vista y el ano con Manipura, etc. Estas asociaciones están todas basadas en la sucesión de los atributos que se describe en el *Samkhya*, una de las doctrinas clásicas del hinduismo.

Además de los siete chakras mayores colocados a lo largo de la espina, hay también chakras en las manos, pies y genitales. Hay también, junto a los siete chakras mayores, varios otros chakras a lo largo de la espina.

Influencia china

China hizo mejor uso de los chakras y meridianos al descubrir 12 básicos en el cuerpo. Los antiguos sabios de la India dominaron los conceptos positivos y negativos de los chakras (Yin, Yang), pero los sabios chinos fueron capaces de ampliar y hacer un mejor uso de estas líneas de fuerza en el cuerpo. Las líneas positivas y negativas se combinan para convertirse en un elemento creativo y este fenómeno es el reflejo de lo que ocurre en la Tierra por medio de estas fuerzas vitales que vienen del cosmos y que han engendrado este planeta.

La acupuntura es una de las técnicas más antiguas de la medicina tradicional china que se remonta a 2.000 años o más, aunque es interesante observar que la teoría y el concepto de la acupuntura comenzaron a partir de la India y data de 4.000 años atrás. Como sabemos, es un procedimiento que consiste en la inserción de agujas a diferentes profundidades en partes del cuerpo humano y que facilitan la curación de algunas enfermedades.

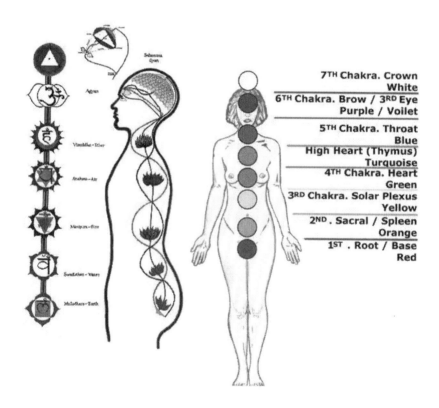

CAPÍTULO 2

CHAKRAS Y LA RELACIÓN CUÁNTICA

Uno de los muchos descubrimientos que hizo Einstein fue que la luz es a la vez una onda y una partícula. Los *nadis*, la red de canales encargados de distribuir la energía o prana, son representativos del aspecto ondulatorio de la luz y ocasionan la creación de los chakras. Así se puede comprobar no sólo que los principios universales o *gunas,* inherentes en los *nadis*, son equivalentes a los principios universales de la física cuántica (vibración /onda /energía), sino que ambos se refieren a la creación y mantenimiento de la vida misma, aunque en el desarrollo de la energía de los chakras encontramos también bondad, pasión y meditación.

El cuerpo humano funciona en el mundo tridimensional. Sin embargo, dispone de una información sobre la fuerza que le mantiene vivo en cuatro dimensiones (incluido el tiempo), al que denominamos como sistema maestro de control energético. El mundo físico funciona gracias a la energía de onda oscilatoria, vibratoria, y de rotación del electromagnetismo que le proporciona la Fuerza Vital o *Prana*. Esta energía (habría que hablar más precisamente de manifestación de la energía) es capaz de viajar a través de la materia gracias a su forma de onda y la gran dispersión molecular, del mismo modo que el aire viaja a través de un tamiz, pudiendo ambos existir en el mismo espacio. Este principio se denomina principio de la coexistencia no destructiva, es decir que frecuencias diferentes pueden ocupar el mismo espacio al mismo tiempo, sin destruirse. Lo físico se une a lo etéreo.
La teoría de Einstein de $E=mc2$ involucró a los tres principios del universo: la energía, la luz y la materia/masa que se representan como los tres nadis: *sushumna, pingala* e *ida*. Estos tres canales de energía mantienen el hilo de la vida a través del

cuerpo humano y el Universo, siendo la conciencia el elemento básico del Universo, pues es allí donde existe la información para cualquier manifestación de la vida.

Einstein comprendió que todo en el universo es materia y energía e intuyó que había otro factor oculto, no perceptible, que mantenía la coherencia y unión de todo cuanto existía. Los defensores de las teorías metafísicas alegan que esa fuerza es la conciencia, y en esta conclusión se basan los chakras.

Concepto científico de chakra

¿Se puede medir la cantidad de amor de una persona hacia otra? Podemos ver sus consecuencias y esto nos lleva al convencimiento de que el amor existe como una fuerza intensa que nos trasforma. Del mismo modo, aunque los chakras no pueden ser tocados (hay personas que se "tocan" el tercer ojo una y otra vez), su manifestación genera efectos físicos medibles. A los científicos les gustaría eliminar toda connotación espiritual en esta asignatura tan imprecisa, pero sería como renegar de la presencia del alma, espíritu o fuerza vital. El problema es que toda persona que se dedica a activar los chakras, se considera un erudito en el tema y con frecuencia un integrista poseído de soberbia. Por eso es habitual que cuando pregunte escuche muchas respuestas diferentes y algunas ciertamente ingenuas, como eso de que tenemos un "centro de energía espiritual" en el cuerpo.

En lo que todo el mundo está de acuerdo es en que los chakras son vórtices que están localizados en lugares específicos, sin embargo, el lenguaje utilizado para describir sus propiedades es a menudo impreciso, incorrecto y manifiestamente no admisible desde el punto de vista de la medicina occidental quienes a su vez muestran desprecio en el tono, y ningún deseo de evaluar lo que se les dice ser.

Pero lo que ahora pretendemos no es aplaudir ni descalificar, así que como veremos en los próximos capítulos, varios estudios científicos han verificado la existencia de los chakras o fenómenos similares, aunque no se ha encontrado ninguna correlación clara entre la energía (en el sentido de la física conocida) y la localización del chakra. Tampoco ningún estudio encontró una característica anatómica consistente asociada con los chakras. Ahora bien, eso es en cuanto a la valoración que hace la física y la medicina convencional, pero la metafísica y la física cuántica estudian otros aspectos de la realidad que no necesariamente deben ser comprobados por la física científica. En este campo es donde hasta ahora se ha movido la teoría y aplicación de los chakras.

Más recientemente, y esta sería la justificación para este libro, la manifestación de la energía descrita por la física cuántica encaja perfectamente en la existencia de los chakras cuando habla de los estados cuánticos, un estado que no necesita estar presente, simplemente ser. La energía no necesariamente debe tener una estructura, sino simplemente seguir una trayectoria probable para que exista. Además, la sola presencia de un observador configura un resultado probable y en este aspecto quienes trabajan con estos centros energéticos están seguros de su existencia. Nunca hablan de leyendas, ni de hipótesis.

La ciencia nunca ha encontrado un chakra, tal vez porque la gente espiritual rara vez define un chakra correctamente y ahora se define de modo muy distinto al original. Aunque los investigadores han buscado los chakras, sus experimentos se basan en una definición moderna que habla de una "rueda giratoria de energía", en lugar de seguir hablando de los conceptos originales que sostiene que los chakras son centros de conciencia en el cuerpo. Uniendo la parte física -la energía-, con la parte espiritual, es posible que científicos y metafísicos se entiendan. También deberíamos tener siempre muy presente que la energía no puede verse y que solamente podemos percibir sus efectos.

Para un científico, la palabra "energía" significa algo muy específico, un fenómeno físico con propiedades claramente identificables y medibles. La conciencia y la energía son diferentes, y la ciencia sólo recientemente ha comenzado a desarrollar sofisticadas teorías que se ocupan de esas diferencias. Nadie duda que haya una conciencia aunque no sea cuantificable, como tampoco se duda que una conciencia confusa altere la parte física.

Lo primero que hay que definir es el propio concepto de chakra, si se trata de un fenómeno físico o una manifestación de la conciencia a través del cuerpo físico. Para que un libro sobre los chakras tenga utilidad y pueda ser aprobado por la comunidad científica, debemos incluirla como una terapia física o al menos con resultados físicos medibles.

En el plano científico, lo más aproximado a la teoría de los chakras es la física cuántica. Algunos postulados encajan perfectamente en ambas materias, por ejemplo:

1. La materia puede ir de un lugar a otro sin moverse a través del espacio intermedio (llamado *efecto túnel cuántico*) y eso nos lleva a que la energía de los chakras no necesite los habituales canales energéticos o nerviosos del cuerpo humano para desplazarse. Tiene un destino, pero no un recorrido. Los efectos de los chakras no necesitan un soporte físico (sistema nervioso o circulatorio) para avanzar, pudiendo bastar con el simple pensamiento, encontrando un destino de forma inmediata, pues busca afinidad.

2. La energía de los chakras se manifiesta en forma de vibración sónica y se transmite ondulatoriamente.

3. Las propiedades de la energía atribuida a los chakras no están definidas, pero podemos experimentar con ella y evaluar sus efectos.

4. En el mundo atómico el observador es parte de la realidad y esta realidad no siempre se puede percibir con los cinco sentidos o con una máquina.

5. Las ondas y partículas que componen el universo cuántico intercambian su naturaleza constantemente, buscando lo igual.
6. Cuando existe una distorsión se crea el efecto denominado entropía, la necesidad de reajuste partiendo de una información anterior.
7. Las partículas se comunican entre sí a pesar de las enormes distancias infinitesimales que las separan y recorren el tiempo en las dos direcciones: hacia el pasado y hacia el futuro. Buscan la información en el pasado y crean un futuro óptimo.
8. El potencial cuántico en realidad no transporta energía y no puede ser detectado directamente, pero las partículas sufren sus efectos y se sirven de ellos para comunicarse entre sí.
9. La energía no se activa por acción mecánica, sino por vibración y esto es posible incluso con el pensamiento, por el simple deseo de que ocurra.

Energía y chakras

La vida es una consecuencia de la energía, y los chakras son elementos energéticos o al menos reciben y transmutan la energía que procede del universo, y que también circula a través de nosotros y nos trae la experiencia de la vida. Los chakras son los transmisores de la energía universal –o de sus consecuencias-, y cada uno de los chakras representa distintas frecuencias dentro de lo universal. Interactúan con el campo de la energía electromagnética y la transforman en la energía que sostiene nuestras vidas.

Así que podemos seguir hablando de que los chakras son los conductos por donde circulan los fenómenos físicos de la energía universal. Nuestra creencia es que estos fenómenos pasan desde la tierra (no proceden del espacio exterior) a través de los chakras inferiores a los chakras superiores, pero no es lineal -es cíclica y funciona en ambos sentidos.

Definidos como vórtices de energía que giran sutilmente a lo largo de la columna vertebral desde la base hasta la corona, quizá podríamos matizar que realmente sus partículas se mueven como ondas, tal y como se explica en la mecánica ondulatoria. Así podríamos entender que sea considerada una energía sutil, no medible, y que por ello no debamos seguir afirmando que los chakras "interactúan con el campo de energía electromagnética" o que ofrecen "la energía que sostiene nuestras vidas."

Otro concepto extraño es el de "energía universal", relativo a la definición común de la energía en la física, pero el problema es que no sabemos si existe esa energía tan global. Seguramente tampoco puede existir la no-energía universal, así que admitiremos el concepto. Para concluir este pequeño debate sobre la energía, deberemos recordar que en realidad no hay energía en el universo, sino que la energía se crea. No hay almacenes de energía, sino que hay fenómenos que crean energía. No podemos coger la energía del sol y almacenarla como parece ser, puesto que no hay energía solar vagando por el espacio. Lo que hacemos es recoger los efectos de la energía desarrollada por el sol y transformarla en electricidad o electromagnetismo, pero nunca almacenamos la energía solar en estado puro. Un panel solar no es un sol en pequeño, es simplemente un acumulador de los efectos de la energía solar. Así que en los "centros energéticos" de los chakras lo que quizá hagamos es atraer los fenómenos energéticos diversos (sonidos, luz, calor, magnetismo...) y transformarlos en ondas vibratorias que moverán las partículas subatómicas y generarán fenómenos físicos y como consecuencia modificaciones psíquicas.

Parece una contradicción, pero la energía es inmaterial y por tanto no hay un océano de energía parecido en el éter. No es alguna sustancia o un fluido que flota alrededor de nosotros. La energía es dinámica, es acción, es cambio. Podemos representarla como puro movimiento. Del mismo modo que el movimiento no pude existir sin una dirección determinada, la energía no existe sin una forma definida, No es que la energía forme un vórtice o una onda, el vórtice es la energía.

Las dos formas básicas de energía en nuestro mundo son la materia y la luz, y todo tiene su origen en el sonido. Si pudiésemos analizar el espacio abierto, tendríamos la mayor concentración de sonido que hayamos escuchado nunca. Se puede vivir sin luz, pero nunca sin sonido. Esto se debe a que todas las formas de energía vibran, producen sonido y esto crea una energía en forma de onda, y en su recorrido vuelve a generarse sonido. Nuestro cuerpo es, por tanto, una orquesta que no para de sonar con miles de instrumentos al mismo tiempo.

Sabemos que una persona puede obtener energía a partir de varios niveles diferentes de vibraciones, entre ellas las que incluyen el color, el sonido y la luz, que son empleadas por distintas partes del cuerpo mediante su canalización en los denominados centros de distribución, conectados a los principales órganos o glándulas. Cada uno de estos centros denominados chakras, ruedas o vórtices, produce un torbellino que gira en un movimiento circular que forma un vacío en el centro que atrae a cualquier cosa que encuentre en su nivel vibratorio particular.

Se dice que nuestro cuerpo contiene cientos de chakras que son la clave para el funcionamiento de nuestro ser, disponiendo cada uno de la información codificada de nuestro entorno. Esta información codificada puede ser cualquier cosa, desde una vibración de color, la radiación ultravioleta, las ondas electromagnéticas de una radio o microondas o el aura de la persona. En esencia, nuestros chakras reciben la salud de nuestro medio ambiente, incluidas las personas que están en contacto con nosotros; por eso los estados de ánimo de otras personas tienen un efecto en nosotros. Además, nuestros chakras también irradian una energía vibratoria. En este sentido, responden perfectamente a las ideas de la mecánica ondulatoria y el movimiento de las partículas, la teoría que interpreta el comportamiento de la materia (compuesta de partículas pequeñas especialmente subatómicas o de otro tipo) en términos de las propiedades de las ondas. Una amplia gama de fenómenos físicos, desde la propagación de terremotos, o psíquicos -las propiedades de la mente-, entran dentro de esta manifestación de la energía. Toda información que se alimenta por un extremo se convierte en lo que sale por el otro.

CAPÍTULO 3

EL SISTEMA ORGÁNICO

Los chakras son puntos de conexión a través de los cuales fluye la energía desde un 'vehículo', o cuerpo humano, a otro. Se dice que una persona que tenga algo desarrollado el don de la clarividencia puede visualizar los chakras fácilmente en el cuerpo etérico, los cuales aparecen como un vórtice. Cuando están poco desarrollados se asemejan a un círculo pequeño, de 5 cm aproximadamente y tienen un color opaco; en una persona iniciada y optimista son relucientes, con brillantes remolinos, que aumentaron bastante su masa y aparecen como soles pequeños. Habitualmente se dice que tienen su correspondencia en algunos órganos físicos, especialmente las glándulas endocrinas, pero los metafísicos dicen que están por encima del cuerpo etérico que se eleva un poco sobre el cuerpo físico. Cuando miramos un capullo de flor –de loto- tenemos una idea simbólica de la forma general de los chakras. El tallo de la flor crece en un punto de la columna, y así podemos imaginarnos que la columna es el tronco principal de donde crecen flores a una distancia determinada, que abren su capullo encima del cuerpo etérico.

El Chi

Chi tiene relación con los procesos fisiológicos, patológicos y con el tratamiento clínico. La palabra Chi tiene el sentido de materia y de función, así como de espiritualidad. Por ejemplo, el Chi puro, el Chi turbio y el Chi de las sustancias nutritivas, son materiales, mientras que el Chi del corazón, pulmón, bazo, riñón, estómago o de los canales, son funcionales, interviniendo en las reacciones emocionales. La materia y la función son dos conceptos diferentes pero complementarios e indivisibles, porque la función está basada en la composición material y esta se refleja en la actividad funcional.

La calificación del Chi del cuerpo humano varía de acuerdo a su origen, distribución y función.

- Al Chi original se le llama Chi del riñón o Chi congénito, debido a que es heredado de los padres y está relacionado con la función reproductiva.
- Al Chi puro y al Chi de los alimentos se le denomina Chi adquirido, debido a que se obtienen de la atmósfera y de los alimentos, respectivamente, después del nacimiento.
- El Chi esencial está formado por la unión del Chi puro y el Chi de los alimentos que se reúnen en el tórax. Su función es nutrir al corazón y los pulmones, y promover sus funciones.
- El Chi nutritivo y el Chi defensivo provienen de las sustancias nutritivas. El Chi nutritivo circula en los vasos sanguíneos y en los canales, distribuyéndose en los órganos con el fin de nutrirlos. El Chi defensivo circula fuera de los vasos sanguíneos y canales, llega a la linfa y se distribuye en la piel.
- Bajo la acción del Chi heredado y del Chi adquirido, los órganos desarrollan sus funciones y generan a su vez el Chi de los órganos y de los canales.

La idea es que todos los niños nacen con los canales del Chi abiertos. Como el Chi fluye libremente sólo a través de un cuerpo relajado, haciendo que la relajación aumente más aún a medida que pasa, los niños reflejan el curso de la energía corriendo por su cuerpo mediante la suavidad y flexibilidad de sus miembros y torso. A medida en que los niños crecen y se ven expuestos a influencias más externas, sus canales del Chi se cierran, hasta llegar a adultos, momento en que el nivel del Chi está a la altura del pecho.

El Chi está directamente relacionado con el oxígeno y con la capacidad de la sangre para transportarlo, que a su vez invierte el proceso de envejecimiento, aumenta el potencial energético total del organismo, y permite al cuerpo humano curarse a sí mismo y a otros. La apertura del flujo del Chi no sólo es capaz de producir un atleta óptimo, sino que hace posible la buena salud y aspecto juvenil, sea cual sea la edad.

Según la medicina China tradicional, lo que mantiene el cuerpo humano y lo hace funcionar es el Chi, o «energía vital», que circula a lo largo de los *Jingluo*, canales principales colaterales, considerados como un entramado de pasajes. La condición del Chi determina, pues, la condición física del cuerpo. Si el Chi es débil, entonces el cuerpo estará enfermo, y viceversa.
La circulación del Chi también sería importante, según la teoría *Jingluo*. Si el Chi queda bloqueado en algún lugar, por ejemplo, se producirán ciertas enfermedades. Para mantenerse en forma y curar las enfermedades, por lo tanto, hay que fortalecer el Chi y mantenerlo en movimiento, mejorar su sistema circulatorio y librarse de los bloqueos mediante ejercicios físicos y mentales.
Esta teoría fue muy bien enunciada en "Primavera y Otoño", de la familia Lu, libro escrito el año 249 a.C., en donde se decía: "El agua corriente nunca se corrompe y los goznes de la puerta no son comidos por los gusanos cuando se mantienen en movimiento". Lo mismo se aplica al cuerpo humano. Si no hay movimiento en el cuerpo humano la energía vital que mantiene su funcionamiento no circulará, y sin la circulación de esta energía, la vida se detendrá y consumirá.

Cuando surgía una enfermedad los antiguos doctores chinos sospechaban que algo había ido mal con la energía vital o su sistema de circulación. Se prescribían drogas herbales para fortalecer la energía, y la acupuntura, moxibustión (tratamiento con calor) o masajes, eran aplicados en los puntos de acupuntura problemáticos a lo largo de los canales principales y colaterales para eliminar los bloqueos, haciendo fluir a la energía con mayor libertad y suavidad.

Sistema endocrino

Ya hemos mencionado el interés que existe en relacionar los chakras con el sistema endocrino, responsable de la mayor parte de nuestra producción hormonal y cuyo desequilibrio puede llevar a estados emocionales muy frágiles. De la misma manera, los acontecimientos emocionalmente traumáticos crean desequilibrio hormonal.

El sistema endocrino es un conjunto de órganos y tejidos del organismo que liberan un tipo de sustancias llamadas hormonas, haciéndolo al interior del cuerpo, mientras que el exocrino lo hace al exterior. El sudor, las lágrimas y ciertas sustancias producidas por el tejido nervioso, son manifestaciones del sistema exocrino. Este sistema que también está distribuido por todo el cuerpo, generalmente no tiene conexión entre sí ni con el endocrino, al contrario que éste, donde todas las glándulas están interrelacionadas.

Los órganos endocrinos también se denominan glándulas sin conducto, debido a que sus secreciones se liberan directamente en el torrente sanguíneo, mientras que las glándulas exocrinas liberan sus secreciones sobre la superficie interna o externa de los tejidos cutáneos, la mucosa del estómago o el revestimiento de los conductos pancreáticos. De un modo simplificado, diremos que las hormonas secretadas por las glándulas endocrinas regulan el crecimiento, desarrollo y las funciones de muchos tejidos y coordinan los procesos metabólicos del organismo.

Los tejidos que producen hormonas se pueden clasificar en tres grupos: glándulas endocrinas, cuya función es la producción exclusiva de hormonas; glándulas endo-exocrinas, que producen también otro tipo de secreciones además de hormonas; y ciertos tejidos no glandulares, como el tejido nervioso del sistema nervioso autónomo, que produce sustancias parecidas a las hormonas.

Las principales glándulas del sistema endocrino son el hipotálamo, la hipófisis, tiroides, paratiroides, suprarrenales, glándula pineal, timo, y los órganos reproductivos (ovarios y testículos). El páncreas es también una parte de este sistema, pues además de producir hormonas, interviene en la digestión, mientras que el riñón produce la hormona eritropoyetina que estimula la producción de los eritrocitos.

El sistema endocrino está regulado por retroalimentación, del mismo modo que un termostato regula la temperatura de una habitación. Las glándulas son reguladas por la glándula pituitaria (Hipófisis), la cual, a su vez, depende del hipotálamo quien elabora la denominada "hormona liberadora", que estimula la pituitaria para secretar una "hormona estimulante" en la circulación. La hormona estimulante de la glándula señala el objetivo de segregar su hormona. A medida que el nivel de esta hormona se eleva en la circulación, el hipotálamo y la glándula pituitaria disminuyen la secreción de la hormona liberadora de la hormona estimulante y, a su vez, disminuye la secreción por la glándula diana. Este sistema resulta en concentraciones en sangre estables de las hormonas que son reguladas por la glándula pituitaria.

Cada sistema de órganos y glándulas del cuerpo está conectado a un chakra y cada chakra está conectado a una frecuencia vibracional de color. Por ejemplo, el chakra corazón gobierna la glándula del timo y también está a cargo del funcionamiento del corazón, pulmones, bronquios, ganglios linfáticos, sistema circulatorio secundario, sistema inmunológico, así como el brazo y las manos. Y el chakra del corazón resuena, vibra, con el color verde. Quizá esta asociación con los colores sea especulativa, pero podemos trabajar con ella.

Luz y color

Recibimos información de luz y color a través de nuestros ojos, que a su vez estimula la retina y sus células, conos y bastones. Estos impulsos, que viajan a través del nervio óptico a la corteza visual del cerebro, a través de la glándula pituitaria llegan a las demás. Muchas de las funciones del cuerpo son estimuladas o retrasadas por la luz y los diferentes colores, y por lo tanto afectan a nuestro sistema de chakras.

Dado que la luz y sus colores físicamente afectan a las glándulas y las hormonas, también tendrá una marcada influencia en nuestro estado de ánimo y sentimientos. La ciencia ha demostrado que ciertos colores pueden calmar la mente, mientras que otros estimulan la actividad mental.

Cuando la luz pasa de un medio a otro (por ejemplo, del aire al agua), se le llama refracción, aunque la luz no deja de existir. Más bien, simplemente se dobla para dar lugar a la transformación. Nuestra luz interior se somete a estados similares que se dobla cuando se realiza la transición nacimiento, crecimiento, muerte. Tanto la luz que vemos y vivimos, como la luz interior, se manifiestan mediante patrones de energía orgánica consciente.

Relacionado con la luz interior está nuestra aura, el campo electromagnético que envuelve a los seres vivos y que se manifiesta como un ente luminoso que rodea el cuerpo físico y emite su propia radiación característica. El color del halo se asocia con la salud del cuerpo físico, mental y emocional y, a su vez, el aura se divide en estratos o capas relacionadas directamente con los siete *chakras,* cada uno de los cuales absorbe un color de la luz del campo áurico, aspirándolo en forma de espiral y llevándolo directamente a nuestro organismo.

Leadbeater en su monografía "El Aura", explica que es muy difícil, o casi imposible, presentar una estructura en colores opacos encima de una estructura que se mueve, que cambia continuamente y que parcialmente tiene colores luminosos. La misma cuestión vale también para los chakras.

En lo referente a los colores observamos una característica general: cuanto más elevado es el chakra, más cambia el color hacia la zona de luz del espectro solar. Esto significa que tenemos nuestro punto energético en el Muladhara chakra que es de color rojo. Después cambia en el sentido de la escala del espectro solar, primero amarillo/naranja (anhata) y después azul/blanco (sahasrara); el color blanco crece haciéndose más lúcido y termina siendo más un punto de luz que un color determinado.

De un modo resumido, esta es la influencia de los diferentes colores:

Violeta. Es el color del Séptimo Chakra o Chakra de la Corona. Es nuestra conexión a un estado de consciencia superior.
Índigo. Sexto Chakra o Tercer Ojo. Es nuestro ser interior.
Azul. Quinto Chakra. Nuestra salud y habilidad para comunicarnos.
Verde. Cuarto Chakra. Es el amor, la paz, la armonía y la libertad.
Amarillo. Tercer Chakra. Confianza y claridad mental.
Naranja. Segundo Chakra. Es el Ser, la alegría.
Rojo. Primer Chakra. Proporciona pasión, energía e impulso sexual.

Relación cuerpo/mente

En la relación simbiótica entre el cuerpo emocional / espiritual y la parte física que envía mensajes al subconsciente, es como el cuerpo físico proyecta su respuesta al medio ambiente, interactuando para seguir manteniendo el equilibrio universal. Todos somos parte del cosmos y contribuimos a su estabilidad. Cuando olvidamos esta Ley enfermamos y pronto debemos morir.
La desconexión se produce cuando las fuerzas electromagnéticas (positivo-yang y negativo-yin) se desequilibran y se cierran, lo que los médicos llaman un desequilibrio en la homeostasis. Por ejemplo, cuando el cuarto chakra (corazón) se apaga, se experimentan manifestaciones físicas como cardiopatías y/o alteraciones de la presión arterial. Cuando el primer chakra (supervivencia) se cierra eventualmente, se produce disfunción

sexual, alteraciones en la fecundidad, o incluso comportamiento violento.

La humanidad no es una especie invencible ni eterna, pero con respecto al resto podemos llegar a ser más conscientes de la increíble potencia de la conexión entre la mente y el cuerpo. Somos una especie ciertamente privilegiada, y la superación personal debería ser un proyecto de vida y debemos trabajar continuamente por ello.

La concepción del tiempo y el espacio es el resultado de que hemos entendido varias dualidades: arriba-abajo, adelante-atrás, ancho-estrecho, bueno-malo. En este sentido, al mismo tiempo que somos malos en potencia, también tenemos acceso a las cosas buenas para equilibrar.

Generamos nuestras enfermedades

En realidad, poco se sabe y entiende acerca de la psique humana y sus complejos sistemas. Sin embargo, la ciencia médica ha demostrado que las toxinas y los pensamientos negativos, aquellos que analizan problemas que no tienen solución o que se recrean en situaciones de dolor, junto con los factores ambientales perjudiciales, influyen en nuestro cuerpo. Las diferentes formas de "contaminación" mental pueden causar desequilibrios en los chakras mucho antes de que lo percibamos, ocasionando inicialmente un daño funcional. Dado que los sistemas tradicionales de la medicina no son capaces de detectar los síntomas primarios, y solamente pueden actuar cuando son notorios, significa que depende de que el individuo perciba estas alteraciones y actúe en consecuencia. Con conocimientos, podemos ser nuestros mejores doctores, especialmente si entendemos que las emociones se imponen a la razón.

De entre los sentimientos más destructores están el egoísmo, la crueldad y el aislamiento no deseado, los cuales conducen a la enfermedad más que la tristeza.

El beneficio de aprender acerca de nuestro propio sistema de chakras es que entendamos que somos un conjunto (cuerpo,

mente y espíritu) que debe estar armónico para que los siete chakras se comuniquen por igual y que trabajen en alianza. Por ello, si la parte mental es poderosa y también lo son las partes físicas, las emociones serán fuertes, y con ellas lograremos un nivel óptimo de salud.
Si hay un fallo en cualquier nivel, esto se muestra en el nivel de vitalidad de un chakra. Y cada uno de los siete chakras principales tiene su propia inteligencia innata y su función, aunque normalmente se ajustan y funcionan de forma automática.

Pero nuestro entorno corporal no es solamente la manifestación final de una enfermedad, sino que el daño está dentro de nuestro pensamiento o creencia, por lo que allí podemos preparar el escenario adecuado para la salud espiritual, emocional, mental y física. Si llevamos una vida incorrecta, en el pensamiento y en el plano físico, se desencadena una desinformación o una información incorrecta, lo que da lugar a la enfermedad por la alteración del campo energético el cual necesita los datos precisos para estar en equilibrio. La vitalidad del cuerpo en última instancia, depende de la relación sana con la fuerza de la vida exterior. Es muy importante saber que la salud comienza con una creencia en algo adecuado.
Los laboratorios de medicamentos, las farmacias e incluso los médicos, nos transmiten mensajes continuados para convencernos de que sin ellos caeremos enfermos, si es que no lo estamos ya. Esa creencia nos lleva irremediablemente a la enfermedad... y acudir a ellos. Cuando los anuncios de televisión muestran día y noche que estamos en época de gripe o de alergias, nos crean el miedo y el contagio psicológico. Si no consumimos fármacos, al menos nos dicen que nos hagamos pruebas y chequeos preventivos, pero que no dejemos de pensar en las enfermedades. Es imposible que este miedo no altere nuestro sistema endocrino y desequilibre a los chakras. Nos han inculcado tanto miedo a los gérmenes, virus, humo de tabaco, e incluso a la naturaleza sucia, que estamos seguros de que

nuestro cuerpo está siempre intoxicado. Esto es potencialmente incapacitante e incluso las sugerencias pueden causar un flujo descendente en el sistema inmune. No crea que equilibrando los chakras resolverá su salud y pensamiento. Le ayudará una temporada, pero seguirá pensando en la enfermedad. Cuando tenemos sobrecargado nuestro cuerpo / mente / espíritu, la energía disponible no se expande y tampoco podemos seguir absorbiendo energía del exterior. Así que el mejor médico somos nosotros si dejamos de pensar en la enfermedad y mejor lo hacemos en la salud, a no ser que tengamos intereses en la industria del medicamento.

Las plantas medicinales son una buena opción en caso de enfermedad y el médico que nos atiende debe ser como un amigo que colabora con nosotros en nuestra salud. No es nuestro dueño. Los médicos bien formados tienen compasión, conciencia, son humildes, y por ello una bendición para la salud. Aún así, cuando comenzamos a sentirnos mal, el primer médico que debemos visitar es el que está dentro de nosotros.

La naturaleza proporciona antídotos para todo y cuando padecemos una enfermedad, es porque hemos permitido que el balance se pierda. Esto puede ocurrir en una o más de las capas de nuestro ser y algunas de las pandemias de la Humanidad como la Peste Negra que mató a millones de personas, fue debido a un agotamiento grave del sistema inmune. La causa esencial estaba en un bacilo transmitido por las pulgas, pero no habría afectado a tantas personas de no ser por la malnutrición, la falta de trabajo y la desesperanza ante un futuro tenebroso. Luego han surgido otros virus y plagas, siempre coincidentes con una época de desasosiego, guerras y economía precaria. Si es usted terapeuta, no olvide nunca el entorno afectivo y social del enfermo.

Ahora, hemos vuelto a entrar en una época desalentadora, en la que vemos que la estructura aparentemente sólida de la economía occidental se resquebraja con facilidad, coincidiendo con una época de abandono y hostilidad hacia las religiones.

Cuando se quita a la Humanidad sus creencias espirituales, las sociedades y las estructuras culturales se descomponen rápidamente. Pero no olvide que después del invierno siempre llega la primavera y con ella la esperanza de renovación.

Por eso los chakras se conectan con los diferentes niveles del ser: físico, emocional, mental y espiritual. En el nivel físico cada chakra gobierna un órgano principal o glándula, que luego se conecta a otras partes del cuerpo que resuenan con la misma frecuencia. Esta frecuencia crea una armonía y una colaboración celular que al igual que un ejército bien coordinado y entusiasta, trabaja sin descanso para mantener el equilibrio y la salud. En nuestro interior existe la mayor prueba de solidaridad, pues no hay una sola célula (y tenemos varios millones) que no busque ayuda en las otras y que no ofrezca, a su vez, su propia ayuda e información.

Los siete chakras principales están alineados a lo largo de la columna vertebral y si hay perturbaciones en cualquier nivel, inicialmente no hay pérdida de la vitalidad pues entre ellos se equilibran. Nada hay que debamos hacer salvo que la distorsión sea intensa o se perpetúe. También cada uno de los siete chakras principales posee su centro de inteligencia propia. Esto significa que cada chakra está asociado no sólo con nuestra salud física, sino que también controla los aspectos conectados a nuestro sistema emocional, mental y entendimiento.

Para ayudar a equilibrar un chakra, ya sea en el plano emocional, intelectual, físico o espiritual, necesitamos llevar el chakra a un nivel de vibración que resuene a la misma frecuencia. Los colores y sonidos pueden ayudar, tanto como los pensamientos correctos.

Cuando un chakra está fuera de sincronía o equilibrio, bloqueado o congestionado, con el tiempo puede afectar a otras partes y, posiblemente, a su chacra más próximo. Si esto ocurre, se sentirá generalmente mal en un nivel mental, emocional o físico.

La teoría del arco iris de los Chakras

Woodroffe y Leadbeater son las personas más influyentes con respecto a los chakras, o al menos así las considera Christopher Hills, filósofo espiritual e investigador que disponen de su propia universidad.

En un libro muy amplio, "Evolución Nuclear", publicado en los años 70, Hills sugiere que cada uno de los chakras corresponde a uno de los siete colores del espectro, los cuales asocia a cada chakra y color con un tipo de personalidad. Gran parte del libro se consagra a explicar cada uno de estos tipos de personalidad con todo detalle. Su tipología es bastante fascinante, y ciertamente iguala con detenimiento a la tipología de la personalidad de otros sistemas de análisis del carácter más difundidos por las universidades, como los de Carl Jung y la Astrología Humanística.

El esquema básico es como sigue:

TÉRMINO SÁNSCRITO	POSICIÓN	TIPO	PERSONALIDAD CARACTERÍSTICAS
Sahasrara	Corona	Primordial imaginación	Imaginación, vergüenza y portentoso
Ajna	Frente	Tipo intuitivo y visionario	Intuición, sensibilidad, envidia o admiración
Vishuddha	Garganta	Contemplativo y nostálgico	Conceptos mentales, autoridad y reverencia
Anahata	Corazón	Seguridad en sí mismo	Fuerza vital; posesión y poder
Manipura	Plexo solar	Intelectual	Pensante, intelectual y cambiante

44

Swadhistana	Plexo esplénico	Social gregario	Social y ambicioso
Muladhara	Genitales	Reconocimiento sensación	Sensualidad, miedo y enojo

Estas posiciones de los chakras son un poco diferentes a las posiciones normales. El Muladhara se identifica con los genitales (ordinariamente la posición del Swadhisthana), mientras que Leadbeater cree que el Swadhistana se identifica con el "plexo esplénico", posiblemente un error, puesto que este centro se localiza más o menos bajo del ombligo. El Manipura se encuentra entonces en el plexo solar, en lugar del (como en el sistema indio) ombligo.

Aunque los aspectos psicológicos de esta teoría no tuvieron éxito, la idea de emparejar los siete chakras con los siete colores del espectro es algo que ya ha sido aceptado por muchos investigadores. Para identificar los chakras del arco iris con los chakras del cuerpo etérico, tenemos las conclusiones de Ana Brennan, y quizá lo que se menciona en el "Tao Curativo" de Mantak Chia, con su revisión del microcosmo. Los chakras del arco iris por consiguiente, si tienen alguna validez, lo serán porque pertenecen a los cuerpos etéricos, en especial el segundo ("emocional"), cuarto ("astral") y sexto ("celestial".)

La explicación a las diversas corrientes sobre la naturaleza y posición de los chakras es que se trata de estructuras cambiantes. Aunque la forma y el modo de desenvolverse son comunes a todas las personas, cambian en distintas épocas de la vida debido a los cambios del nivel de conciencia del individuo, y también cambian de un momento a otro debido a la actividad mental o meditativa de la persona, o en los casos en que se produzcan emociones fuertes.

Pétalos

En la tradición hindú cada chakra tiene un número de hojas, lo que lleva a la conclusión que el monto de hojas de cualquier chakra depende de la frecuencia de su oscilación, de allí la creencia tradicional sobre que la cantidad de hojas no es exacta, sino aproximada. Se puede también observar cuándo el grado de oscilación es más alto en la medida en que localizamos más arriba el centro energético sobre la columna.

Nombre del chakra y posición	Número de pétalos	Vértebra asociada	Plexo del nervio asociado
Corona	972		
Frente	96	1ª cervical	Carótida
Garganta	16	3ª cervical	Faríngeo
Corazón	12	8ª cervical	Cardiaco
Ombligo	10	8ª torácica	Plexo solar
Bazo	5	1ª lumbar	Esplénico
Coccygeal	4	4ª sacral	Nervio espinal

CAPÍTULO 4

CHAKRAS DEL CUERPO HUMANO

Tipos de Chakras

La posición **simplista** afirma que hay sólo un tipo de chakra, o a lo mejor dos (mayor y menor), pero esto es de hecho bastante incorrecto, y viene de la naturaleza oscura del aura y el cuerpo sutil, y el hecho de que las calidades diferentes de los órganos están frecuentemente poco estudiadas, se incide en su función, y en esos análisis falta un estudio sistemático global.

Posiblemente existan siete series de chakras diferentes por lo menos y probablemente más, siendo los más admitidos:

- Los siete chakras primarios que son arquetipos y pertenecen al Being interno, la conciencia universal que nos hace eternos. Representan el microcosmos original, el eje vertical del Mount Meru o montaña sagrada donde mora Brahma y que constituye simbólicamente el universo metafísico, el plano principal de la existencia.

- El Tan T'ien del ombligo coincide con el segundo chakra principal, y se localiza en el cuerpo físico. Se trata del centro de la energía del cuerpo ubicado en la parte baja del abdomen, más o menos a 2 cm por debajo del ombligo, en el centro, en el interior. Es el centro de gravedad del cuerpo y el equilibrio, y donde se reflejan los sentimientos en dirección al corazón. Fisiológicamente es el motor que distribuye la sangre en nuestro cuerpo, y nuestra capacidad energética general.

Existen dos Tan T'ien más situados en el plexo solar y en el centro del pecho (entre los pezones). El del medio, entre sus funciones, controla los procesos digestivos y el superior los procesos circulatorios y de la respiración.

• Los (por lo menos 18, quizá muchos más) chakras secundarios que son etéricos y que pueden despertarse, salvo que el flujo de energía esté congestionado.

• Los **chakras importantes** se asocian obviamente con los órganos internos, especialmente con el sistema endocrino, y la medicina china habla de cinco pares (mayores y menores) de órganos internos, cada par asociado con correspondencias específicas como una emoción, un sabor, el color, punto cardinal, etc. Esto indica que los chakras del cuerpo parecen constituir una serie diferente.

• Un número mayor de chakras menores, frecuentemente asociados con puntos de acupuntura, puntos sensibles en el cuerpo, etc.

Chakras primarios

Los chakras primarios son los **chakras internos**. Estos chakras son arquetipos y no tienen una forma definida. Exigen, por tanto, una localización precisa y están asociados con correspondencias específicas, incluso vibraciones mántricas, elementos, sonidos, etc.
Los chakras primarios se representan en un eje vertical, arriba-abajo, y se polarizan según Shiva (la conciencia pura, la Divinidad) y Shakti (el poder de la manifestación.) Shakti es representado por la energía de Kundalini en la base de la espina dorsal, en el chakra de Muladhara, o lo que es igual, el Chakra Primario el cual no tiene una situación física estricta. Shiva se localiza en el chakra de la corona (Saharsrara) sobre la cabeza, y esta polarización vertical representa los mejores planos de la existencia.

Como arquetipos del microcosmos, los chakras primarios pueden igualarse significativamente con los diez sefirot (atributos, energía de vida) del Cábala que se colocan en siete filas. Se han hecho varios esquemas y sugerencias para igualarlos, pero ninguno es completamente satisfactorio.

En resumen:

- Ser interno (Arquetipo)
- Ninguna situación espacial excepto por analogía
- Orientación vertical hacia arriba
- Estilizado, representado por las flores del loto
- Corresponde con las cartas mántricas, los niveles de conciencia, divinidad, etc.
- Colores no básicos del arco iris (colores normalmente rojo, blanco, azul, humo, etc.)
- El corazón en el sitio del chakra del Alma, del Ego (Jivatma)
- El Kundalini se localiza en el chakra más bajo (Muladhara).
- La energía nunca desciende.

Chakras secundarios

Los chakras secundarios son los descritos por los teósofos, o las nuevas investigaciones de Christopher Hills, Bárbara Brennan, y muchos otros. Pueden despertarse a través de la meditación y disciplinarse con la práctica, siendo ésta la fase inicial del taoísta Nei Tan o la Alquimia Interior. Esta órbita microcóspica – llamada "Circulación de la Luz"- realmente es el equivalente del ciclo microscópico de la metamorfosis evolutiva, tal y como lo describe la teosofía y otras enseñanzas.
En la literatura de las ciencias ocultas, espirituales y New Age, los chakras secundarios se confunden casi siempre con los chakras Primarios o Mayores. Esta confusión es debida al imperfecto conocimiento esotérico de los siglos XVI y XVII. De

hecho, los dos tipos de chakras son bastante distintos y fácilmente distinguibles.

A veces son representados según la teosofía al frente del cuerpo, y a veces la energía desciende abajo desde la frente, pues dicen que levanta la energía solamente mediante la visualización.

En resumen:

- Se encuentran en el ser exterior (etérico).
- Situación espacial a lo largo de la frente y línea del centro trasero de cuerpo.
- Cíclico (ascenso largo de atrás, descendiente largo del frente).
- La clarividencia lo describió como vórtices.
- Corresponde al cuerpo/aura sutil (Bárbara Brennan) y los tipos psicológicos (Christopher Hills).
- Normalmente posee los colores del arco iris (aunque esto se modifica en cuerpos más altos).
- El Chakra del Corazón no puede encauzarse, pero sí el del alma.
- Ningún Kundalini, aunque existe como energía si está pobremente activado, y puede fluir a través de él y advertir sobre la posible psicosis y otros peligros.
- Chakras activos durante la vida cotidiana que pueden ser abiertos, bloqueados o cerrados.

Chakras terciarios

Los chakras terciarios o **menores** no son parte del circuito principal del Chi y más bien parecen corresponder a puntos que regulan la energía que fluye. Suelen estar descritos en algún material de New Age y en términos de salud holística.

Hay 21 chakras menores distribuidos por todo el cuerpo, agrupados en 10 Chakras bilaterales menores que se corresponden con el pie, la mano, la rodilla, el codo, la ingle, las clavículas, el ombligo, los hombros y el oído. Son a menudo ignorados y descuidados. Tienen aproximadamente 7 cm de diámetro y están a 2,5 cm distantes del cuerpo.

Aunque el diagrama del libro de Bárbara Brennan, que a su vez parece estar basado en el material de David Tansley, asume "veinte chakras menores", éste es un número completamente arbitrario y posiblemente un esfuerzo por lograr una cifra concreta, ciertamente incorrecta. Otros libros dan números diferentes de chakras menores.

Se usan algunos chakras menores, como los chakras en las palmas de la mano, en trabajos curativos. En la práctica con Reiki, parece que éstos constituyen una sensación definida y pudiera ser que existan otros chakras menores poco estudiados.

Están situados así:

- Dos en frente de las orejas, cerca de donde los huesos de la mandíbula están conectados.
- Dos por encima de los dos pechos.
- Uno cerca de la glándula tiroides.
- Dos en las palmas de las manos.
- Dos en la planta de los pies.
- Dos, justo detrás de los ojos.
- Dos conectados también con las gónadas.
- Uno cerca del hígado.
- Uno conectado con el estómago, y aunque relacionado, por lo tanto, con el plexo solar, no es idéntico.
- Dos conectados con el bazo.
- Uno en la parte posterior de cada rodilla.
- Hay un centro de gran alcance que está estrechamente relacionado con el nervio vago. Este es más potente y es considerado por algunas escuelas como un centro importante, y aunque no está en la columna vertebral, hay cierta proximidad con la glándula timo.

- Hay uno cerca del plexo solar, y se relaciona con el centro en la base de la columna vertebral, lo que hace un triángulo con el centro sacro, el plexo solar, y el centro en la base de la columna vertebral.
- Dos de estos chakras menores constituyen el sistema de los Chakras en los pies y son muy importantes en la curación. Situados en la base de nuestros pies, tienen como finalidad primordial el cumplimiento de las "corrientes eléctricas" generadas como consecuencia de las actividades normales y funciones del cuerpo físico. Estos pequeños, pero importantes, vórtices Chakra, se encuentran en la planta de cada pie y funcionan en combinación con el Chakra Muladhara o Chakra base, junto con otros chakras menores en las piernas para crear una base estable para nuestra existencia física. Cuando funcionan armónicamente, los Chakras de los pies aseguran un flujo constante de comunicación y conexión con las redes de energía de la Tierra para el resto de los chakras en el cuerpo físico y extra-físico.
- Incluso hay pequeños vórtices. Estos se encuentran en las hebras de energía que se cruzan entre sí sólo siete veces y pueden muy bien corresponder a los puntos de acupuntura de la medicina china.

Chakras cuaternarios

Incluso hay un número mucho mayor de chakras cuaternarios que igualmente se mencionan en la acupuntura menor, asociados a lo largo de los meridianos. Estos chakras tienen 2 ó 3 cruces de energía, representando una red de intensidad de la conciencia, y estableciendo un orden cooperativo dentro del sistema orgánico.

Esta tabla muestra los siete principales chakras y el área del cuerpo que alimentan. Además, muestra los colores de los chakras.

	CHAKRA	COLOR	GLÁNDULA ENDOCRINA	ÁREA DEL CUERPO
1	Base	Rojo	Suprarrenales	Columna vertebral riñones
2	Sacral	Anaranjado	Gónadas	Sistema Reproductivo Sistema Inmunológico
3	Plexo solar	Amarillo	Páncreas	Estómago, hígado, Vesícula biliar, Bazo, Páncreas, Sistema Nervioso
4	Corazón	Verde	Timo	Área del corazón, sistema circulatorio, nervio vago
5	Garganta	Azul	Tiroides	Garganta, pulmones, oídos
6	Cabeza	Índigo	Pituitaria	Cabeza, cerebro inferior, ojo izquierdo
7	Corona	Violeta blanco	Pineal	Cerebro superior, ojo derecho

Los teósofos agregaron varios más:

- Chakra del **bazo**, más o menos igual al svadhistana chakra.
- El chakra del **paladar** (fuente de néctar) tampoco tiene una gran importancia.

- Además, reconocen tres chakras más en la zona de la **frente**: el Ajna chakra, el Chakra de la frente (con 12 hojas) y uno pequeño encima del chakra de la frente.

Grupos

Los chakras se dividen en tres grupos:
Superior, medio e inferior, o respectivamente: espiritual, personal y fisiológico.

Los chakras primero y segundo tienen la función de transferir al cuerpo dos fuerzas procedentes del plano físico. Una es el fuego serpentino de la tierra y la otra la vitalidad del sol.
Los centros tercero, cuarto y quinto, están relacionados con las fuerzas que por medio de la personalidad recibe el ego. El tercero las transfiere a la parte inferior del cuerpo astral, el cuarto a la parte superior de este mismo cuerpo y el quinto por el cuerpo mental.
Todos alimentan ganglios nerviosos del cuerpo denso. Los centros sexto y séptimo están relacionados con el cuerpo pituitario y la glándula pineal, y se ponen en acción cuando se alcanza cierto grado de espiritualidad.

Chakras Pares

El Esplénico/bazo (segundo chakra) y el Laríngeo (quinto chakra) trabajan juntos y pertenecen a la creatividad.
El Plexo Solar (tercer chakra) y el Tercer ojo (sexto chakra) están relacionados con la visión y la inteligencia.
El Cardiaco (cuarto chakra) y el Coronario (séptimo chakra) expresarán dimensiones cósmicas.

Chakras Interdimensionales

Existen cinco centros de energía fuera del cuerpo que están localizados en otras dimensiones del ser, pero aunque existen en el presente son invisibles e inaccesibles a nuestros sentidos. Estos chakras aparecen igualmente por pares.

- El primero estaría localizado a más o menos 30 cm sobre la cabeza y 30 cm bajo los pies.
- El segundo alrededor de 90 cm en ambas direcciones.
- El tercer par a un metro del cuerpo.
- El cuarto y quinto par sobrepasaría nuestros conceptos tridimensionales y se extenderían hacia el infinito arriba y abajo. Cuando aumentamos nuestra vibración podemos percibirlos, sentirlos y ser partícipes de ellos.
- Hay también un octavo, noveno, décimo, onceavo y doceavo chakra que operan con o sin nuestra participación consciente. Todos están ubicados por encima y por debajo del cuerpo.

Ahora sabemos que existen varias técnicas para el equilibrio de nuestros centros, entre ellas la cromoterapia, la homeopatía, la fitoterapia, el ejercicio físico, técnicas de visualización, etc. En realidad, todas estas técnicas colaboran para que nuestros centros funcionen correctamente.

Chakras etéreos

Por otra parte, no hay que dejar de tener en cuenta que los chakras que están en plena actividad cumplen otra función, pues se conectan con su correspondiente en el plano astral.

El chakra etéreo está en la superficie del doble etérico y el chakra astral se encuentra en el interior del cuerpo astral. Su función es transferir a la conciencia física toda cualidad inherente en lo correlativo al chakra astral. Se trata del vehículo que tenemos para movernos en el plano astral. El cuerpo astral está formado por una parte energética nuestra y esta es la que proyectamos astralmente. Cuando nos desdoblamos podemos sentir el cuerpo astral de manera distinta a como sentimos el cuerpo físico.

Estos son los principales:

1.	El **primero** de estos chakras es el foco del kundalini –la energía invisible-, existente en todos los planos y cuya actividad despierta a los demás.
Debemos considerar al cuerpo astral como una masa casi inerte con una vaga conciencia y sin definida capacidad de actuación, pero que precede al despertar del fuego serpentino del hombre astral.

2.	El **segundo** chakra astral corresponde al esplénico físico (el músculo largo y plano que une las vértebras cervicales con la cabeza y contribuye a los movimientos de esta), que fue vitalizado por el cuerpo astral y le permite hacer viajes conscientemente.

3.	El **tercer** chakra astral corresponde al plexo solar físico y despierta la facultad de recibir sensaciones.

4.	La vivificación del **cuarto** chakra, que coincide con el cardiaco del físico, capacita al hombre para recibir y comprender vibraciones de entidades astrales conociendo sus sentimientos.

5.	El despertar del **quinto** chakra astral que coincide con el laríngeo, otorga la facultad de escuchar en el plano astral, el mismo efecto audible que en el plano físico.

6.	El **sexto** chakra astral, que corresponde al tercer ojo del físico, produce la visión astral o la facultad de percibir la presencia de los objetos astrales.

7.   El **séptimo** chakra, que es el coronario del físico, completa la vida astral del hombre y perfecciona sus facultades.

Así como se despiertan los chakras astrales, se despiertan también cualidades con los chakras etéreos. Por ejemplo:

- Cuando se despierta a la actividad el esplénico (relativo al **bazo**), el hombre retiene un vago recuerdo de sus viajes astrales y suele producir el recuerdo de la sensación de volar por el aire.
- Cuando se activa el **plexo solar**, percibe toda clase de influencias astrales comprendiendo las amistosas de las que no lo son.
- La vibración del chakra **cardiaco** da al hombre el conocimiento de las alegrías y tristezas del prójimo y le mueve a reproducir en sí mismo los dolores ajenos.
- El chakra **laríngeo** lo capacita para oír voces que le sugieren ideas de toda clase y en plena actividad le confiere la clarividencia etérea y astral.
- Por el chakra **frontal** el hombre puede ver lugares y personas astrales que están distantes. Está relacionado con la capacidad de la visión microscópica, con ver aumentados los objetos físicos invisibles a simple vista.
- Cuando el chakra **coronal** está activado, el ego puede salir por él y dejar conscientemente su cuerpo y restituirse de nuevo más tarde sin interrupción, de modo que está consciente día y noche.

El kundalini, también llamado "La voz del silencio", es muy parecido a un fuego líquido que se difunde por todo el cuerpo cuando ha actuado la voluntad y circula en espiral como una serpiente. En plena actividad se la llama "la madre del mundo" porque vivifica los vehículos del hombre de manera que el ego sea consciente en todos los mundos. Cuando el fuego serpentino ha pasado por todos los chakras no se interrumpe la conciencia hasta la entrada en el mundo celeste que define la vida astral, de modo que no hay diferencia entre la temporal separación del cuerpo físico durante el sueño y la definitiva en el momento de la muerte.

Se debe advertir, sin embargo, que un inadecuado despertar del kundalini o intentar manejarlo sin adecuados conocimientos, puede traer graves consecuencias. Estas consecuencias se ven en lo físico y en lo mental, y para mencionar algunas, puede producir rencor, orgullo desmedido, aumento de la maldad, asesinos depravados, desgarros de la carne, etc.

Chakras transpersonales

Los Chakras sobre la corona son considerados transpersonales, y a menudo iguales y con vibraciones más altas de luz y sonido. En algunos casos el chakra Sahasrara se iguala con la corona de la cabeza y es por consiguiente de transición, sea más alto o más bajo. En otros casos se localiza sobre la cabeza, y entonces existe uno o más chakras intermedios entre la corona y el Sahasrara.

Los seis chakras más bajos (Muladhara a Ajna), son personales y están asociados con el cuerpo o el microcosmos, así como existen seis chakras más altos, empezando con el chakra de Sahasrara, que corresponde a zonas altas de luz y sonido.

En este sentido, se han revisado los siguientes chakras:

Estrella de Tierra
Base Única
Sacro
Plexo Solar
Corazón
Timo
Garganta
Tercer Ojo
Frontal

**Corona
Estrella del Alma
Entrada Universal**

En esta serie el chakra más bajo sería "el yin transpersonal" (Estrella de la Tierra) y se uniría a la Tierra, mientras que el más alto, situado sobre la Corona o cima de la cabeza, sería "el yang transpersonal" y se uniría al Cosmos a través de la Entrada Universal, la Entrada Cósmica. Otra referencia al "yang transpersonal" es que nos movemos a través de Cuerpos Ligeros que no tienen ningún sonido, pero escuchamos el sonido del universo dentro de cada uno. Hay un cuerpo ligero de color de violeta que transmuta los cuerpos emocionales y mentales que se mueven en la 5ª dimensión y que podría ser similar o igual que el "Cuerpo Celestial", la octava más alta del cuerpo emocional.

El "Sol Central" es una idea de la teosofía, una clase de sol situado en el centro de nuestra galaxia. No hay ninguna evidencia por supuesto de su presencia, aunque muchos astrónomos creen que hay un agujero negro macizo realmente en el centro de la galaxia. El Sol Central puede ser una referencia cuando hablamos de la divinidad, la conciencia, la verdad, aunque podemos referenciarlo simplemente con nuestro Sol.

Chakras superiores

Después de admitir la presencia de los siete chakras básicos, la literatura ancestral define al menos otros once, los cuales contienen elementos metafísicos que les ha impedido ser aceptados universalmente.

Octavo chakra:
También conocido como uno de los chakras Transpersonales, está situado aproximadamente a 45 cm por encima de la cabeza, en línea vertical. Este es el centro que contiene todos los contratos y acuerdos relacionados con esta vida, las conexiones

kármicas y el propio destino. En él se almacenan las relaciones a largo plazo entre las personas, los encuentros sexuales y la formación de las familias. Es muy importante, por lo tanto, que eliminemos todas las viejas relaciones, con el fin de dar paso a la renovación mediante nuevas relaciones con las cuales crecer.

El chakra ocho es también el centro de desapego, permanecer en el momento presente, la confianza incondicional, la aceptación de la guía intuitiva y la capacidad de discernir entre ilusión y realidad.

Es el centro del intelecto superior. Marca el reino en el que el alma individual se funde con la Mente Universal y también donde el alma se manifiesta en la materia, en el cuerpo de la energía individual.

Noveno Chakra:
Es nuestro Centro Emocional Superior. Aquí es donde tenemos toda la información relacionada con lo que vamos a ser, así como nuestro color de ojos, color de pelo, otras características, rasgos de personalidad y lo que vamos a hacer en esta vida. Esta información se convierte en nuestro ADN. Elegimos todo esto antes de venir a esta encarnación, las tareas pendientes.

En una curación, el chakra puede aparecer fragmentado, dañado o fracturado, dividido, roto, disperso.

Décimo Chakra:
Es la puerta de entrada a todas las otras experiencias que hemos tenido a lo largo del universo. Este chakra es donde el alma se fragmenta y dispersa a sí mismo a través del universo, lo que requiere la recuperación. Una vez que todos los aspectos se recuperan la persona tiene acceso completo a todas las infinitas posibilidades de aquello que han sido; son sus "arquetipos universales", a falta de un término mejor. Este chakra nos da la capacidad de trabajar con todos nuestros talentos y habilidades. La mayoría de las personas sólo tienen acceso a entre uno y diez

de sus arquetipos universales, y eso es bastante limitante porque en realidad tenemos un número infinito.

Undécimo chakra:
Es donde comienza la dualidad, por así decirlo. Es el "campo de superposición" entre el claro y el oscuro, donde tenemos todos los contratos y acuerdos que pertenecen a nuestra alma. Recuperar el undécimo chakra es fundamental para llevar a una persona al equilibrio y permitirle tener acceso completo a su Divinidad. Aquí es donde nuestros contratos con el ocultismo, la magia negra y el abismo se llevan a cabo. Todos tenemos aspectos de nosotros mismos que han experimentado la sombra, porque eso es parte del viaje del alma, explorar la Luz y la Oscuridad, el Orden y el Caos. A veces este chakra está muy desequilibrado y puede requerir una inyección sustancial de amor, entregado o recibido.

Duodécimo chakra:
Es considerado el Espíritu individualizado, la Chispa de lo Divino y se llama a menudo la Presencia, el YO SOY, el nivel del Maestro Ascendido.
Aquí está el plano del alma. Sirve para unificar la energía masculina / femenina dentro de nosotros, la experiencia de la Unidad.

Decimotercero chakra:
Está situado a medio camino entre los chakras de la garganta, el corazón y el timo. Es el amor incondicional y la compasión para sí mismo y los demás. Al despertar este centro, el bienestar es potencialmente una parte integral de nuestro camino. La vida adquiere significado y cumplimiento, y experimentamos la alegría del amor, que brota de este chakra.
Cuando esté completamente activado, se convierte en un Chakra Unificado, alineando los cuerpos físico, emocional, mental y espiritual, armonizando la energía.

Decimocuarto Chakra*:*
Se encuentra entre las rodillas y nos conecta con todo el mundo y el Universo. A menudo tienen conexiones inapropiadas con algunas personas que no nos permite mostrar nuestros dones y talentos.

Decimoquinto Chakra:
Puerta de enlace físico a lo Divino que se encuentra entre los pies, a la altura de los tobillos, y que conecta el espíritu con el plano físico. Cuando este centro se activa nos sentimos conectados con la Madre Tierra y tendremos más energía. La Conciencia ecológica reside aquí y nuestro deseo de apoyar a nuestra Madre Tierra.

Decimosexto Chakra:
Está situado aproximadamente a 18 centímetros por debajo de nuestros pies. No podemos ser otra cosa que Espíritu, a pesar de que los seres humanos tienden a ignorar esta verdad, y no hay nada que buscar, excepto en el autoconocimiento para recordar que somos un pedazo de lo Divino.

Estos 16 chakras, junto con otros chakras mayores y menores, constituyen la interfaz más importante entre nuestro espíritu y cuerpo físico. Puesto que los chakras interactúan directamente con nuestro sistema nervioso, de ahí la importancia de la limpieza de ambos sistemas, el cuerpo físico y la energía. Al observar nuestros patrones (actitudes, valores y creencias) vemos pistas sobre qué chakras están desequilibrados. Hay muchas técnicas de visualización para llevar a los chakras al equilibrio y la alineación.

Los Chakras y los Cuerpos Sutiles

Según ya hemos dicho, hay varios escritores como Alice Bailey y Bárbara Brennan que aseguran haber localizado los chakras en cada uno de los cuerpos sutiles, por lo que cada cuerpo tendría un total de siete (en ocasiones más) chakras. Además de eso, los chakras tendrían sus equivalencias correspondientes en cada plano.

Cada chakra expresará la misma función en una frecuencia más baja. Las enfermedades, a su vez, están relacionadas también con la incapacidad de absorber, transmutar o integrar frecuencias energéticas. Cuando una energía entra en un chakra y se ve bloqueada, buscará expresarse mediante una disociación psicológica, generando la enfermedad psicosomática. En cambio, cuando una energía ya está dentro de un chakra, pero se expresa de manera negativa, se manifiesta eventualmente a través de problemas físicos que posteriormente ocasionarán desórdenes mentales.

Ahora vamos a abocarnos a la descripción de cada uno de estos siete chakras principales, sus características, como están relacionados unos con otros, y su relación particular con otros elementos.

LOS SIETE CHAKRAS PRINCIPALES

Chakra Básico o Primer Chakra
Tierra, identidad física orientada a la auto-conservación

Muladhara chakra (Centro de seguridad, Fundación)
Es el primer chakra y está situado en el equivalente astral de la base de la columna vertebral. Por él circulan las cualidades energéticas del elemento Tierra: estabilidad y arraigo. A menudo se menciona como la "raíz", y apoya el movimiento hacia abajo en el cuerpo (por ejemplo, eliminación), así como la calma y la estabilidad en la mente. Espiritualmente, este chakra se relaciona con el cultivo del impulso y la acción libre del deseo y el apego. También es compatible con la firmeza y coherencia en la práctica espiritual.

Localización
El **Muladhara** o chakra raíz se encuentra en la base de la columna vertebral. Es el lugar de encuentro de *ida, pingala* y *sushuma*, que representan el comienzo de la vida y se asocia con el elemento tierra. Se encuentra a la altura de los genitales, en el plexo pélvico, la región entre el ano y los genitales, las tres primeras vértebras sacras. En el perineo.

Colores
Oro, amarillo, rojo.

Sentido predominante
Olfato

Órgano de trabajo
Nariz

Glándula endocrina asociada:
Glándula suprarrenal

Sonido
Lang, voz suave.

Correspondencia física:
Sistema linfático, sistema óseo (dientes y huesos), la próstata, el plexo sacro, la vejiga, el sistema de evacuación y las extremidades inferiores (piernas, pies, tobillos, etc.) También la nariz, puesto que es el órgano relacionado con el sentido del olfato, el sentido asociado con la supervivencia.

Conciencia
Induce el inicio de la conciencia, el restablecimiento de la salud, la inspiración para saber nuestras necesidades, la vitalidad y el vigor, la resistencia ante la adversidad, la seguridad para conseguir los propósitos, la comprensión y la armonía interior.

La seguridad, la supervivencia, la confianza, la relación con el dinero, el hogar, el trabajo. La capacidad de mantenerse firme, de estar presente aquí y ahora. La capacidad de permitirnos estar nutridos, en el sentido de permitir que nuestro Ser Interior esté satisfecho. Este chakra también refleja la conexión de una persona con su madre, y con la Madre Tierra. El modo en que nos sentimos al estar en la tierra, la conexión con el cuerpo físico.

Las sintonías o tensiones en las partes del cuerpo controladas por este chakra indican tensiones en las partes de la conciencia que están relacionadas con dicho chakra. Algunas tensiones las experimentamos en forma de inseguridad, como un filtro perceptivo general. A un nivel mayor de tensión sentimos miedo y más allá de este límite, se experimenta como una amenaza a la supervivencia.

Elemento:
Tierra

Armonía del chakra
Ahorro de energía y actos sabios y moderados, con liberación de los instintos primarios. Se busca la supervivencia y la fortaleza, sin perjudicar al prójimo, agredirle o robarle. Trabaja contra la codicia, la violencia, la avaricia, el engaño, controlando el exceso de bebida y drogas.
Aporta crecimiento espiritual en oposición a lo mundano.
Proporciona ímpetu y valentía, así como seguridad y una conducta apropiada en el mundo.

Aunque nosotros asociamos este centro con el principio de la individualidad y la formación del ser, también puede manifestarse a través de cauces inesperados. Muladhara controla todas las tensiones de la cabeza y pies, tensión que significa un estiramiento que puede producir desarmonía y que se manifiesta como una falta de habilidad.

Este chakra forma nuestras raíces y se relaciona, por consiguiente, con nuestros instintos de supervivencia, y nuestro sentido de conectar con la tierra para unir nuestros cuerpos con el plano físico. Con suerte este chakra nos trae la salud, prosperidad, seguridad, y la presencia dinámica.

Suele llamarse como el ancla del espíritu. Está relacionado con una sustancia ubicada a lo largo de la columna vertebral que mantiene al cuerpo en forma y cuando no funciona bien se presentan las enfermedades y el cuerpo empieza un proceso de deterioro.

También está asociado con el sexo, pues es el lugar donde más intensa energía hay en el cuerpo humano, aquella energía que nos permite generar vida.

Como todos los chakras se encenderá con el estímulo de la corriente espiritual y cuando está muy activado la persona tendrá deseos de saciar su deseo mundano, pero cuando lo logra, el nivel de energía retrocede.

Posee 4 pétalos y sus características positivas son:

- Fortaleza, vigoriza el ánimo, provoca entusiasmo, estimula el sistema nervioso y otorga resistencia, esfuerzo y constancia.

Características negativas:

- El mal uso determina el abatimiento físico y moral.

Desequilibrio

Anemia, fatiga, dolor de espalda, ciática, depresión. Resfriados frecuentes o manos y pies fríos.

Cuando este centro se perturba a un nivel psíquico, el resultado físico son enfermedades o dificultades en la oreja, ojos, nariz y garganta. Esto puede incluir condiciones sorprendentemente diversas como la pérdida del pelo, dolores de cabeza tipo migraña, inflamación de los senos nasales, adenoides, infección de amígdalas, dolores de muelas, dolor de oídos y todas las enfermedades que se localizan en la cabeza y garganta. Aunque esto puede parecer extraño para un centro situado en la base de la espina, normalmente está asociado con la sexualidad y las habilidades. También nos puede servir de pauta para efectuar chequeos en la cabeza si disponemos de los suficientes conocimientos de fisiología, permitiéndonos encontrar una pista para casos rebeldes de sinusitis y una gran cantidad de síndromes médicos que relacionan la nariz, cabeza y genitales.

Respecto a los problemas de los pies nos encontramos con arcos caídos, pies dolorosos, tobillos débiles, hinchados, y otras formas de invalidez relacionadas con el pie. Cuando este centro se abre bajo una influencia negativa, el individuo está predispuesto a los accidentes que involucran la cabeza y pies.

Es interesante notar que cuando el Muladhara está inarmónico nosotros siempre nos torcemos los tobillos, nos golpeamos con la cabeza, tropezamos con frecuencia, cuando entramos en un automóvil nos pillamos los dedos con las puertas, y nos bloqueamos los dedos al cerrar los cajones. Esta última tendencia para herirnos las extremidades superiores tiene que ver con el Muladhara y está interconectándose profundamente con el segundo Chakra, Swadhishthana.

Estimulantes
El ejercicio físico y el descanso, dormir, jardinería, manualidades con cerámica y arcilla.
Piedras preciosas rojas.
El color rojo, ropa de baño en rojo, etc.
El uso de aceites rojos como ylang ylang o sándalo.

Chakra Esplénico o Segundo Chakra (También denominado Centro de Sensaciones, Chakra del Bazo, Hara, Svadhistana)
Agua, identidad emocional orientada a la auto-satisfacción

Svadhistana chakra (Lugar en donde mora el ser)

El segundo chakra, se encuentra en la región sacra de la columna vertebral astral, por donde circula la energía del agua como deseo. Se refiere a los tejidos reproductivos y el deseo sensorial, el apego y sentimiento. El refinamiento espiritual del segundo chakra conduce a una capacidad de amar incondicionalmente. La devoción, el deseo y el apego logran su mayor expresión, pero centrados en el Espíritu y la Verdad.

El Chakra **Swadhisthana** se encuentra a la altura del bazo y controla la actividad y obtiene la vitalidad del sol. También es el centro de nuestra energía creativa y sexual.

El segundo chakra, se relaciona con el elemento agua, las emociones y la sexualidad. Nos conecta a otras personas a través de los sentimientos, el deseo, sensaciones y movimiento. Con suerte, este chakra nos trae fluidez y dones, profundidad de sentimiento, esplendor sexual, y habilidad para aceptar el cambio. Se encuentra a la altura del ombligo. Posee 6 pétalos.

Localización
Plexo hipogástrico, centro del abdomen, genitales.

Colores
Oro, Azul claro, naranja.

Sentido predominante
Gusto, apetito

Órgano de trabajo
Genitales, gónadas

Correspondencia física:
Plexo sacral, sistema urogenital.

Glándula endocrina asociada:
Suprarrenales

Sonido
Yang, vang

Elemento
Agua

Conciencia
Este chakra se asocia con las partes de la conciencia relacionadas con la comida y el sexo. Tiene que ver con la comunicación del cuerpo con el Ser interior, con lo que el cuerpo quiere y necesita, y con lo que encuentra placentero. La capacidad de tener hijos también está asociada a este chakra y si no hay una relación clara con el elemento agua, debe asociarse al mismo. Nuestra relación con el agua es un reflejo de nuestra relación con las partes de nuestra conciencia asociadas a este chakra, aunque también está asociado al cuerpo emocional y a nuestra voluntad de sentir emociones.

Armonía del chakra
Mejora los celos perjudiciales, la envidia y penetra en los planos más profundos de la conciencia, calmando la ansiedad. Aumenta la autoestima y permite avanzar en la fantasía, las bellas artes y la artesanía.

Características positivas:

- Tiene influencia sobre el sistema nervioso y en la temperatura del organismo.
- Da una perfecta armonía al cuerpo, la mente y las emociones.

Características negativas:

- Su mal uso produce histerismo o la búsqueda de experiencias que reflejen intensidades de placer o de dolor.

Desequilibrio
Trastornos de la alimentación. Alcohol y el abuso de drogas. Depresión. Dolor lumbar. Asma o alergias. Cándida e infecciones por levadura. Problemas urinarios. Problemas de sensualidad, impotencia y frigidez.

Estimulantes
Baños aromáticos, aeróbic, masaje. Alimentos con sabores diferentes. Piedras preciosas y ropa naranja. Uso de aceites como la melisa o aceites esenciales de naranja.

Plexo Solar ó Tercer Chakra (chakra del ombligo)
Fuego, identidad del ego orientada a la auto-definición

Manipura chakra (La ciudad de las gemas)
Es el tercer chakra, y se localiza en la región lumbar / plexo solar de la columna astral. Es el centro del fuego e influye por ello en los aspectos de fuego del cuerpo (digestión, la sangre, los ojos, el hígado, etc.) y la mente (enfoque, intensidad, razón y discriminación). La calidad espiritual de este chakra es la capacidad de discriminar entre lo que es permanente y lo que es transitorio: el espíritu y la forma, y el enfoque en las metas espirituales.

El Chakra **Manipura** está situado en la parte ventral del cuerpo y controla las emociones, especialmente entre las edades de 14 a 21 años. También es el chakra de la fuerza vital y es el foco del fuego dentro de nuestro cuerpo.

Localización
Se encuentra en la boca del estómago. Posee 10 pétalos.
Plexo solar, plexo epigástrico, ombligo.

Colores
Oro, amarillo

Sentido predominante
Vista

Órgano de trabajo
Pies y piernas

Correspondencia física:
Plexo solar, sistema digestivo.

Glándula endocrina asociada:
Páncreas

Sonido
Rang

Meditación
Mejora las funciones digestivas, proporciona longevidad y locuacidad, y facilidad en la comunicación.

Armonía del chakra
Este chakra es conocido como el chakra del poder. Gobierna nuestro poder personal, amor, y autonomía, así como nuestro metabolismo. Cuando está saludable, este chakra nos trae energía, efectividad, espontaneidad, y poder no dominante.
Impulsa a la persona a dominar su ego, afianzar su identidad, a realizar servicios desinteresados, a mantener relaciones estables y duraderas.

Características positivas:

• Tiene influencia sobre el aparato digestivo cuando están los 10 pétalos activados.
• Además, da dominio sobre el subconsciente e ilumina la mente.

- Produce cordura, enciende iniciativas y talentos, y desarrolla en alto grado la prudencia.

Características negativas:

- Su mal uso o desequilibrio da necesidad para consumir azúcar, celos, e imposibilidad para decir no, o quizá negatividad extrema.

Desequilibrio
Problemas digestivos, úlceras, diabetes, hipoglucemia, estreñimiento. Nerviosismo, toxicidad, parásitos, colitis, mala memoria.

Estimulantes
Recibir clases, leer libros informativos, hacer rompecabezas mentales. Programas de desintoxicación. Comida y bebida amarilla. Piedras amarillas y ropa amarilla. Uso de aceites amarillos tales como aceites esenciales de limón o romero.

Chakra Cardiaco o Cuarto Chakra (chakra del corazón, centro del amor)
Viento, la identidad espiritual, social, orientada a la auto-aceptación

Anahata chakra (El no golpeado)
El cuarto chakra, en la región del corazón, se relaciona con el elemento aire y afecta al corazón físico, así como la totalidad del campo de la conciencia. Cuando las cualidades espirituales de este chakra se despiertan, la persona se libera del ego y se manifiesta en perfecto desapego mientras sigue participando en la actividad amorosa dinámica.

Este chakra se llama chakra del corazón y es el chakra del medio en el sistema de siete. Se relaciona con el amor y es el integrador opuesto a la psique: es la mente y el cuerpo, varón y hembra, la persona y su sombra, el ego y la unidad. Un cuarto chakra saludable nos permite amar profundamente, sentir compasión y tener un sentido profundo de paz y centralización.

El Chakra **Anahata** o umbilical controla los temores, los odios y las emociones en general. Con él se toma conciencia del karma y las acciones de la vida.

Localización
Se encuentra a la altura del corazón, plexo cardiaco.

Colores
Oro, incoloro, verde esmeralda, ahumado.

Sentido predominante
Sentido del tacto, en su aspecto relacionado con la persona que hay en el interior del cuerpo, y distinta a la sensación del Chakra Naranja, que tiene más relación con lo que sentimos de nuestro propio cuerpo. Por tanto, abrazar es una actividad propia del Chakra del Corazón ya que somos conscientes de lo que siente la persona que se encuentra en el interior del otro cuerpo, y del mismo modo esta siente lo que nosotros sentimos en el interior del nuestro. La sensibilidad para ser acariciado indica la sensibilidad del Chakra del Corazón.

Órgano de trabajo
Manos, piel

Glándula endocrina asociada:
Glándula timo, que controla el sistema inmunológico.

Correspondencia física:
Plexo cardíaco, sistema circulatorio.

Sonido
Yang, kang

Elemento
Aire

Conciencia
Percepciones de amor, relacionarse con gentes cercanas a nuestro corazón, por ejemplo nuestra pareja, hermanos, padres o hijos. Las dificultades al respirar o complicaciones con los pulmones, los órganos del aire, indican tensión en el Chakra del Corazón. La relación de una persona con el aire refleja su relación con el amor.
Este chakra es responsable de que sintamos compasión y amor sin egoísmo, de la trascendencia y el discernimiento. Posee 12 pétalos. Tiene relación directa con el rayo rosa. Sabiduría y fuerza interior. Independencia, calma, paz y punto de referencia para los demás. Acción y energía.

Armonía del chakra
Facilidad para enamorarse y disfrutar de la relación. Equilibrio y tendencia a la santidad. Iluminación y sacrificio.

Características positivas:

- Cuando están todos los rayos activos estimula la vitalidad y actividad en el cerebro, tonifica el sistema glandular y activa la secreción interna.
- Otorga la sabiduría Divina, la estabilidad, la perseverancia, la paciencia y el equilibrio mental ante el sufrimiento o el placer. Se empieza a ser más objetivo.

Características negativas:

- Sensación de vacío, la persona se vuelve prejuiciosa.

Desequilibrio

Cardiopatías y cáncer de mama. Dolor en el pecho. Presión arterial alta. Pasividad. Problemas del sistema inmunológico. Tensión muscular.

Estimulantes
Paseos por la naturaleza, tiempo con la familia o los amigos. Comida y bebida verde. Piedras preciosas verdes y ropa verde. Uso de aceites verdes como el eucalipto o pino.

Chakra Laríngeo o Quinto Chakra (chakra del cuello, cuerno de la abundancia)
Sonido, la identidad legítima, creativa, orientada a la auto-expresión

Vishuddha chakra (Puro)
Es el quinto en la región cervical de la columna vertebral astral y la garganta. Contiene las cualidades del éter y por lo tanto se refiere a la comunicación y la expresión. Cuando se despierta, un individuo oye y expresa la voluntad de la Divinidad.

Es el centro de la personalidad y las ambiciones, representando la creatividad y la conciencia pura. Aquí nosotros experimentamos el mundo simbólicamente a través de la vibración, pues la vibración del sonido representa el idioma.

Localización
El Chakra **Vishuddha** o garganta está situado en la base del cuello, en el plexo de la carótida, en la laringe.
Éste es el chakra que se relaciona con la comunicación y creatividad.
Influye en la expresión, el oído y la telepatía. Tiene 16 pétalos.

Colores
Dorado, morado ahumado, azul celeste.

Sentido predominante

Audición

Glándula endocrina asociada:
Glándula tiroides

Órgano de trabajo
Gobierna el tiroides, los bronquios y la voz, los pulmones, el aparato digestivo y el oído interno.

Sonido
Hang

Correspondencia física
Ganglios cervicales superior, medio e interior; sistema respiratorio.

Elemento
El éter, como cruce entre el mundo físico y el mundo del Espíritu. En el plano físico, corresponde al espacio profundo como el elemento físico más sutil. Metafóricamente, representa la relación de una persona con su espacio, la película que se proyecta a su alrededor.
Desde el punto de vista de lo Espiritual, representa la matriz en la que se manifiesta la realidad física.

Conciencia
Los aspectos de expresar y recibir. La expresión puede manifestarse tanto en la forma de comunicar lo que se siente, como en forma de expresión artística, como un artista pintando un cuadro, un bailarín danzando o un músico tocando un instrumento. En definitiva, utilizando un modo de expresar y dar al exterior lo que hay en el interior. Expresar está relacionado con recibir: "Pide, y recibirás".
Este chakra está asociado con escuchar nuestra propia intuición, para no huir a través de un flujo óptimo en el que vemos claramente nuestras metas, y donde parece que el Universo nos

proporciona todo lo que necesitamos sin ningún esfuerzo por nuestra parte. Es un estado de Gracia. Además, la abundancia está también asociada con este chakra, en el aspecto de poder recibir incondicionalmente la abundancia del Universo.

Este es el primer nivel de conciencia en el que se percibe directamente el siguiente, y se experimenta la interacción de uno mismo con esta otra Inteligencia.

Metafísicamente, este chakra está relacionado con la creatividad, con manifestar al mundo físico el cumplimiento de nuestras metas. Serenidad, pureza, voz armoniosa, control de la expresión, aptitudes para la poesía y para interpretar el mensaje de los sueños.

Armonía del chakra
Iluminación, capacidad de concentración y abstracción. Sabiduría mediante la reflexión y el conocimiento. Dueño de sus actos y pensamientos, sin condicionantes culturales o sociales.

Características positivas:

- Este centro es responsable del rejuvenecimiento y la longevidad. Produce clarividencia.

Características negativas:

- A niveles puramente físicos las dolencias de este centro incluyen el vértigo, la anemia, alergias, fatiga y asma. Existe confusión y la persona está desorientada.

Desequilibrio
Desequilibrios de la tiroides, glándulas inflamadas. Fiebre y gripe. Infecciones de boca, mandíbula, lengua. Tensión en el cuello y problemas en los hombros. Hiperactividad. Trastornos hormonales, como el síndrome premenstrual, cambios de humor, hinchazón y menopausia.

Estimulantes
Cantar, escribir poesía, libros o coleccionismo. Conversaciones significativas. Alimento y bebidas azules (agua solarizada). Piedras preciosas azules y ropa azul. Uso de aceites azules, como los aceites de manzanilla o geranio.

Tercer Ojo o Sexto Chakra (chakra de la voluntad)
Luz, identidad del arquetipo orientada a la auto-reflexión

Ajna chakra (Autoridad, mando, poder ilimitado)
El sexto chakra está relacionado con la mente, una forma aún más sutil del éter, e influye en la regulación hormonal y las funciones autonómicas, así como la percepción de un individuo de su ego y el mundo que le rodea. Por esa razón, cuando el chakra ajna se despierta, la percepción cambia de los ojos del ego a los del alma.

Este chakra rige la actividad espiritual e intelectual del hombre y desarrolla el arte de ver más allá de los cinco sentidos.
Se relaciona con el sentido de la vista, física e intuitivamente. Como tal, abre nuestras facultades psíquicas y nuestra comprensión de los niveles del arquetipo, el modelo original, soberano y eterno, que sirve de ejemplo. Cuando está saludable nos permite ver claramente.
Este chakra es conocido como el chakra de la frente o tercer centro del ojo.
Tiene 2 divisiones compuestas, cada una en 48 pétalos, o sea, un total de 96. Este centro pertenece al mundo del espíritu en donde residen los seres superiores y los permanentes principios e interrogantes del hombre. En el cuerpo físico, el tercer ojo gobierna la glándula pituitaria, el cerebro izquierdo, el ojo izquierdo, las orejas, nariz y el sistema nervioso en general.

Localización
El chakra **Ajna** está ubicado entre las cejas, en el entrecejo y es donde reside el tercer ojo de Shiva, el dios destructor según la

Tri-murti ('tres-formas', la Trinidad hindú) junto a Brahma (dios creador) y a Visnú (dios preservador).

Colores
Dorado, azulado o blanco.

Sentido predominante
Percepción extrasensorial, todos los sentidos interiores que corresponden a sentidos externos, y que juntos se consideran comunicación "de espíritu a espíritu."

Órgano de trabajo
Cabeza, ojos, los hemisferios cerebrales.

Glándula endocrina asociada:
Glándula pituitaria

Correspondencia física
Cuerpo pituitario, tronco calloso, sistema nervioso autónomo y sistema hormonal.

Sonido
Aum

Elemento
El Sonido Interno, el sonido que oímos en nuestro interior y que no depende de los acontecimientos exteriores. A menudo la medicina tradicional lo considera una condición patológica, pero las tradiciones orientales lo ven como un requisito previo necesario para un mayor crecimiento espiritual.

Conciencia
Este chakra está asociado con el nivel interior profundo del Ser al que llamamos Espíritu, y también a lo que consideramos espiritualidad y perspectiva espiritual, el punto de vista desde esa parte más profunda de nuestro ser que las tradiciones

occidentales consideran subconsciente o inconsciente. Es el lugar en el que se encuentran nuestras verdaderas motivaciones, y es el nivel de conciencia que dirige nuestras acciones y, de hecho, nuestras vidas.

También es el punto de vista desde el cual vemos los acontecimientos del mundo físico, como la manifestación de la colaboración entre los Seres implicados en esos acontecimientos.

Logra encontrar motivos para el desapego sentimental, para los enganches perjudiciales. Eliminación de los pecados y sentido claro del camino a seguir. Comprensión del cosmos, la consciencia universal y la divinidad. El Yo Soy.

Armonía del chakra
Potenciación del aura, control de la respiración, la mente y la conciencia. Pasado y presente muy activos, pero visualización perfecta del futuro, de la consecuencia de las acciones. Percepción de la inmortalidad.

Características positivas:

• Cuando se activan todos los rayos el individuo desarrolla templanza, despierta ideas de dignidad, grandeza, veneración y sentimientos delicados, poseyendo una clarividencia positiva. Su despertar otorga la evolución espiritual y el dominio del espíritu sobre la materia.

Características negativas:

• Su desequilibrio hace que la persona sea ilógica, demasiado intelectual, distraída, olvidadiza, miedosa sobre el futuro.

Desequilibrio
Problemas de aprendizaje, problemas de coordinación, trastornos del sueño.

Estimulantes
Mirar las estrellas. Mediación. Piedras preciosas y ropa color añil. Uso de aceites índigo tales como aceites esenciales o incienso de pachulí.

Chakra Coronario o Séptimo Chakra (Centro de Conciencia Cósmica, Centro "YO SOY",)
Pensamiento, identidad universal orientada al auto-conocimiento

Sahasrara chakra (Mil pétalos)
Es el paso hacia el océano del Espíritu en la coronilla de la cabeza. Su asociación con el éter elemental es causal, pues el éter de la conciencia influye en todas las funciones superiores del cerebro y de nuestra conexión con los ritmos de la naturaleza. Este chakra afecta a la conciencia que el ego tiene de sí mismo, y en pleno desarrollo espiritual, se convierte en la puerta de la memoria y la comprensión de nuestra verdadera naturaleza.

Es el chakra primario según la tradición hindú. Este chakra es el centro del más alto nivel espiritual y controla el desarrollo de la inteligencia y la fuerza de voluntad.
Este es el chakra de la corona que relaciona a la conciencia con el puro conocimiento. Es nuestra conexión con el mundo del más allá, con lo eterno, en un pequeño espacio que nos hace más inteligentes. Cuando está desarrollado, nos trae conocimiento, sabiduría, conexión comprensiva, espiritual, y beatitud.
Es el loto de mil pétalos, en el que se manifiesta ampliamente la Divinidad. El hombre se hace uno con su Ser interno, aunque no entra en funcionamiento a menos que el individuo haya hecho un trabajo espiritual consciente. Es un chakra que vibra con altísima rapidez, hasta cubrir la parte superior de la cabeza pudiéndose ver en algunos casos un aura dorada.

Localización
El Chakra **Sahasrara** está en la parte superior de la cabeza, en el plexo cerebral. También están ahí localizados el chakra Soma y el chakra Kameshvara.

Colores
Dorado, violeta o blanco.

Sentido predominante
Los clarividentes tienen como un tubo que les sale de la coronilla y es mayor según la evolución espiritual, abriéndose en abanico o en forma de copo.

Órgano de trabajo
Glándula pineal.

Correspondencia física
Córtex cerebral, sistema nervioso completo; órganos y tejidos del cuerpo entero.

Glándula endocrina asociada:
Pineal

Sonido
Todos desde Ah, finalizando en Ksha. El silencio.

Elemento
La Luz Interior que se experimenta cuando se llega a la parte más profunda del Ser, como un punto de conciencia que resplandece con la inteligencia. Metafísicamente, está considerado el elemento más sutil de todos los que componen el universo físico. También se le llama Luz Blanca.

Conciencia
El Chakra de la Coronilla representa esa parte de nuestra conciencia relacionada con las percepciones de unidad o de

separación. Del mismo modo que el Chakra Raíz muestra nuestra conexión con la Madre Tierra, este chakra muestra nuestra relación con nuestro Padre en el Cielo. Representa nuestra conexión con el padre biológico, que es el modelo de nuestra relación con la autoridad, y finalmente, con Dios. Es el nivel del alma.

Cuando experimentamos una sensación de separación del padre, cerramos el Chakra de la Coronilla y experimentamos una sensación de aislamiento y soledad, como si estuviéramos en el interior de una concha y tuviéramos dificultad para ponernos en contacto con la gente que nos rodea. Los procesos mentales tienden a justificar la sensación de soledad.

La visión desde este chakra incluye verse a uno mismo como una conciencia individual que lo crea todo, y paradójicamente, de este modo está conectada a todo, como un soñador que sueña una bella historia y se da cuenta de que todo lo que percibe no es más que una extensión de su propia conciencia. Durante la práctica, el tope de la cabeza se inclina hacia la tierra y, al hacer este movimiento, la atención, la sangre, la circulación y el *prana* se concentran en el séptimo chakra y la persona se siente abierta y fortalecida.

Armonía del chakra

La apertura del séptimo chakra proporciona humildad, entrega, capacidad de postrarse ante el Infinito. El prana asciende, no hay actividad en la mente, y se alcanza el punto supremo. El vacío elimina el espacio entre los dos hemisferios cerebrales, y se disuelven todos los sentimientos, emociones y deseos. El cuerpo físico se funde con el espiritual.

Características positivas:

• Cuando se activan todos los rayos el individuo por primera vez entiende que la creación no tiene límites y que todos formamos parte indisoluble y eterna de ella. En este punto se convence que posee el poder de la transmutación. La maestría a este nivel implicará la eventual trascendencia del propio Cuerpo Causal.

Características negativas:

• Puede dar lugar a malos profetas, gurús comerciales y sanadores indignos e incompetentes. Vida sin sentido. Ausencia de fe en sí mismo. Miedo de conocerse a sí mismo.

Desequilibrio
Dolores de cabeza. Fotosensibilidad. Enfermedades mentales. Neuralgia. Trastornos cerebrales y problemas de coordinación. Senilidad avanzada. Epilepsia. Venas varicosas y problemas de los vasos sanguíneos. Erupciones en la piel.

Estimulantes
Anotar las propias visiones e invenciones. Piedras preciosas de color violeta y vestido violeta. Uso de aceites violeta, como los aceites de lavanda o jazmín.

CAPÍTULO 5

VÓRTICES Y ENERGÍA

El alma

Algunos escritores definen el alma como el principio de la vida orgánica y que no tiene existencia propia, cesando con la vida del cuerpo. Según esta teoría puramente materialista, el alma es un efecto, y no una causa. Otros consideran el alma como el principio de la inteligencia, el agente universal del que cada ser absorbe una porción. Según ellos, hay, en el universo entero, solamente un alma que distribuye chispas de sí misma entre todos los seres inteligentes durante su vida. Cada chispa, después de la muerte del ser que ha animado vuelve a la fuente común, y se mezcla de nuevo con todo en general, como los arroyos y ríos cuando vuelven al océano donde fueron generados. También, y según otra hipótesis, el alma universal es Dios, y cada ser es una porción de la Divinidad.

Según otros, de nuevo, el alma es un ser moral, distinto, independiente de la materia, y que conserva su individualidad después de la muerte. Esta definición de la palabra alma es la que generalmente es aceptada porque, bajo un nombre u otro, la idea de un ser que sobrevive al cuerpo se encuentra como una creencia instintiva, y es independiente de toda enseñanza. Esta doctrina, según la cual el alma es una causa, y no un efecto, es lo que defienden los espiritualistas.

Sin discutir el valor de estas opiniones, y meramente bajo su aspecto filológico, podemos deducir que estas tres aplicaciones de la palabra alma constituyen tres ideas distintas, cada una de las cuales exige un término diferente. "Alma" tiene, por consiguiente, un significado triple, y es empleado por cada escuela según el significado especial que se atribuye a esa palabra.

Con el fin de evitar la confusión originada por el uso de la misma palabra para expresar tres ideas diferentes, sería necesario confinar la palabra a una de estas tres ideas; algo que no importaría con tal de que la opción fuera entendida claramente. Una buena solución es tomarlo como algo natural y aceptar la idea común de que la palabra Alma indica un ser inmaterial e individual que reside en nosotros, y sobrevive al cuerpo. Aun cuando este ser no exista y sea realmente un producto de la imaginación, nos valdría para definirlo.

Lo que está claro es que necesitamos definir ese término para poder hablar sobre cualquier idea en la que se mencione la palabra alma y con la cual queramos definir el principio vital que se diferencia de la vida material y orgánica, cualquiera que sea su origen. Si la vida puede existir sin la facultad del pensamiento, ese principio vital sería algo distinto e independiente de él. Es evidente que, siendo empleado según las diferentes aceptaciones, el término alma no excluye el materialismo o el panteísmo.

Nosotros también podríamos evitar la confusión, incluso mientras empleamos la palabra alma en los tres sentidos que la definen, agregando a él algún término calificativo que especifique el punto de vista que nosotros consideramos, o el modo en el que lo aplicamos. Sería, en ese caso, una palabra genérica, representando los principios de vida inmaterial, de inteligencia, y de las facultades morales.

Así nosotros podríamos decir la palabra alma cuando quisiéramos hablar del principio de la vida material; el alma intelectual para el principio de inteligencia, y alma espiritual para el principio de nuestra individualidad después de la muerte. Solamente falta una conclusión: puesto que el alma intelectual es exclusiva de los humanos, también lo sería el alma espiritual.

La energía humana

Nacemos con un circuito bioeléctrico que es el encargado de distribuir nuestro potencial de energía. Los vórtices (chakras o torbellinos) forman parte de un sistema y desde ellos la energía fluye al cuerpo para limpiarlo y recomponerlo. La energía cósmica llega a nosotros, entrando por el vórtice corona y desde allí los circuitos van al cuerpo, actuando a través del sistema integrado de vórtices. Estamos diseñados en tal forma que se supone que no deberíamos estar lamentándonos por nuestros dramas por mucho tiempo. Las personas que mantienen vivos sus recuerdos dolorosos, están colocando energía en ellos para alimentarlos al costo de la vida de sus propias células. No se trata de olvidar, sino de asimilar, adaptarse.

Los vórtices ubicados por debajo de la cintura se relacionan con nuestra vida externa y con nuestro poder externo. Es muy grande el número de enfermedades que se originan por debajo de la cintura y luego se pueden trasladar a otros sectores.

Luz solar

La luz del sol es nuestra fuente principal y proveedora de luz, calor y energía, pero no solamente su luz sostiene la vida en la Tierra, pues el propio planeta aporta sus elementos vitales a sus habitantes, por ejemplo, proporcionando a las plantas la energía para la fotosíntesis, que a su vez sostiene la vida de todos los animales y los seres humanos.

La luz solar aporta energía en forma de ondas –vibraciones- electromagnéticas y parte de esta energía incluye los rayos cósmicos, rayos gamma, rayos X, los rayos de luz visible, rayos infrarrojos, microondas y las ondas cortas y largas (el sonido). Utilizamos muchas de estas energías en nuestra vida cotidiana, pero ponemos demasiado énfasis en los rayos de luz visibles. Si utilizamos un prisma transparente para descomponer la luz solar, nos encontramos con siete diferentes haces de color: rojo, naranja, amarillo, verde, azul, añil y violeta, los mismos que en el arco iris, en la lluvia cuando cae, en el rocío y hasta en un copo de nieve.

Así que el color y la luz son inseparables, ya que cada color de los rayos de luz visibles tiene una longitud de onda diferente y una frecuencia de vibración, que nos afecta de manera diferente. El rojo, por ejemplo, tiene mayor longitud de onda y la frecuencia de vibración más lenta, lo que reconocemos como cálido y estimulante. Considerando que el color violeta tiene la longitud de onda más corta y la más rápida frecuencia, lo reconocemos como una energía fresca y calmante.

Necesitamos energía de la luz para nutrir nuestro cerebro, nuestras emociones y nuestro cuerpo físico, así como nuestros cuerpos y especialmente nuestros chakras. La luz también puede entrar a través de nuestra piel y nuestro aliento. Además, podemos recibir energía adicional a través de un equilibrio entre los colores de los alimentos, las hierbas, las vitaminas, la aromaterapia, el sonido, los minerales, la ropa, la decoración y el baño de color.

Para concluir, toda forma de energía es portadora de sonido (en el espacio no hay silencio), así que en realidad podríamos asegurar que las ondas sónicas son la única fuente de energía en el cosmos, pero que se manifiesta de formas muy diferentes. No hay ni un solo elemento en el universo, que no emita ruido o sonido. La carencia de sonido, el pertinaz aislamiento acústico, ocasiona serios daños a la salud y de esto saben mucho los diseñadores de cámaras de aislamiento sensorial, quienes no recomiendan su uso más de 4 horas seguidas. Además, no eliminan totalmente el sonido infrasónico.

Vórtices

Los chakras y vórtices suelen definirse como una misma cosa, pero lo cierto es que aunque los chakras tienen forma de vórtice y se comportan como tales, en el cuerpo humano es posible que existan dos vórtices básicos, además de los chakras.

El vórtice viene a unificar el enfoque de los místicos y los científicos. Los místicos han sostenido siempre que el universo carece de sustancia y una prueba de ello es que varios siglos antes de que Lord Kelvin apuntara las bases de la teoría ondulatoria que permitía la propagación de la energía en el vacío, Sidartha, el Buda, describió las variadas formas de la materia como remolinos en mitad de un arroyo. Desde entonces, la mayoría de los filósofos yoguis entendieron bien que la materia no es sino un vórtice de energía que se puede crear a partir de una ilusión o pensamiento.

El mayor problema para el entendimiento entre metafísicos y escépticos es que a mucha gente le resulta en extremo difícil aceptar lo sobrenatural y paranormal, adoptando posiciones de suspicacia y escepticismo. Examinan a fondo –si es que lo hacen-, y cuestionan los testimonios existentes, refutando hasta la menor evidencia disponible. Algunos explican los recuerdos de una vida anterior como una forma de percepción extrasensorial, mientras que para otros es producto de la imaginación. El cerebro diseña una historia aglutinando datos dispersos. Otros reducen el fenómeno a una simple coincidencia. Las apariciones se consideran meras fantasías y las curas milagrosas, fruto de la imaginación o el efecto placebo, por cierto, el mejor de los medicamentos.
Un vórtice permite explicar estos fenómenos denominados despectivamente como paranormales, llegando a unir lo extraño con la realidad. Lo único que tenemos que darnos cuenta es que la energía desarrollada por un vórtice ha de estar limitada por nuestros sentidos y que solamente ejercerá su función cuando es simétrico y no está deformado.

Lord Kelvin explicó con su experimento con los anillos de humo, que toda forma de energía parte de un sonido que origina a su vez un movimiento enroscado que dará lugar al vórtice. A partir de ello, apreciamos que bien puede haber dos tipos absolutamente opuestos de vórtices en el cuerpo humano, dependientes entre sí, uno arriba y otro abajo, concretamente en la coronilla y el plexo solar. No obstante, también es posible que estén situados en la nuca y dos centímetros por debajo del ombligo. Uno sería giratorio hacia el centro (centrípeto), el otro hacia fuera (centrífugo). Este movimiento continuo entre ellos permitiría la conexión entre los diferentes chakras y la absorción de la energía exterior.

Puesto que el movimiento giratorio crea estabilidad y continuidad en el movimiento de las partículas subatómicas, así podemos entender que la materia pueda convertirse en energía.

El primer vórtice

Es el asentamiento de la Base de Datos del ser humano, en donde está la información que nos permite estar vivos. Sin información, no hay energía, por lo que más que un organismo energético, somos un organismo con información que genera energía. Al nacer, estamos ya programados por la herencia y disponemos de toda la información acumulada por nuestros ancestros y de los mecanismos que les permitieron vivir y desarrollarse. Esos datos ya los tenemos desde el mismo momento de la concepción y son distribuidos a todo el cuerpo mediante el vórtice superior ligado al cerebro.

En estos datos está la necesidad vital de supervivencia, pero también lo que nos impulsa a colaborar, a ser útiles y a que perpetuemos la especie. Nos impulsa a la vida en sociedad, pues necesitamos la energía del grupo que nos nutra y nos cuide en todos los sentidos. Desafortunadamente, el arquetipo de tribu está cambiando, se está perdiendo, y da lugar a numerosas enfermedades, pues en nuestra base genética seguimos teniendo las mismas inclinaciones.

Debido a esto, se ha ido desarrollando la conciencia de víctima, culpando a nuestros gobernantes, familia y a la misma sociedad, de nuestros problemas no resueltos. Esto se traduce en desencanto, en quejas, y les echamos la culpa a los otros, pues seguimos delegando en los demás aquello que nuestra genética nos indica. Pero cuando una persona adulta emana conciencia de víctima, atrae los virus, se vuelve débil y no es capaz de sobrevivir por sí mismo.

Nuestra familia nos dio lo mejor que tenía, y es nuestra tarea elevarnos por encima de esa energía. La vida en el hogar es necesaria para mantenernos a salvo, pero no permitirá nuestro desarrollo como individuos si no nos marchamos de él. Debemos volar y formar cuanto antes nuestra propia casa, pues la permanencia allí perjudica a nuestros padres y nos hace disminuir nuestra propia evolución.

Cuando desconectamos nuestros circuitos de las creencias férreas de la familia, desarrollamos más auto-confianza, del mismo modo que debemos desconectarnos de las leyes humanas si queremos vivir el orden universal. Si delegamos la sabiduría en los libros de texto y las leyes en los jueces, estaremos perdiéndonos el mensaje del universo.

El Segundo Vórtice

Este segundo vórtice tiene varios aspectos a considerar:
La creatividad corresponde a la energía de este vórtice, pues se trata de querer dar a luz las ideas y llevarlas a cabo. Cuando no podemos realizarlas, producimos "deformidades" en nuestra esencia. La inspiración llega a nosotros desde el plano intuitivo pasando a la glándula pituitaria, la garganta y el corazón.

Si nuestras ideas son eliminadas y debemos asumir la de los demás, pueden aparecer trastornos en el sistema reproductor, pues esta solución drástica dejará un tejido emocional cicatricial similar a cualquier herida.

Muchas enfermedades del cuerpo físico se originan esencialmente por haber reprimido voluntariamente o por coacciones nuestros deseos y sueños, pensamientos que pasan a ser ocultados en los órganos alojados por debajo de la cintura y los sistemas que les nutren. La imposibilidad para ser diferentes en una sociedad en la que todos intentan ser iguales para no ser excluidos, nos puede llevar a la depresión, a la tristeza por no conseguir un poco de crédito cuando mostramos nuestra personalidad.

Este vórtice inferior es una versión más refinada, más personal, de las enseñanzas de la tribu, pues la acumulación de bienes materiales es algo que nos lleva a asegurarnos la comida diaria. No hay especie que no cuide este aspecto, aunque unos lo hacen guardando y otros comiendo más de lo necesario para que sea su cuerpo quien administre el material disponible.

Cuando nos sentimos defraudados por la tribu, despreciados o traicionados por haberles creído, aparecen enfermedades del área sexual, tales como prostatitis, problemas ováricos y uterinos.

La competencia también se relaciona con este vórtice, pues vivir en sociedad no es fácil y tenemos que competir continuamente por el trabajo, la seguridad, el hábitat y la exclusividad en la pareja. Estamos transmitiendo energía de nuestro cuerpo a otras personas y este intercambio puede ser perjudicial.

También se alojan en este vórtice nuestros intereses sexuales, especialmente cuando nos sentimos interesados o extrañando la presencia de una persona.

Kundalini y Sushumna

Kundalini es el poder serpentino (enroscado alrededor de); tiene 3 y ½ vueltas y está ubicado en el Chakra Muladhara, en la base de la columna vertebral, mirando hacia abajo.

Se trata de un campo concentrado de energía inteligente, cósmica, invisible y absolutamente vital para la vida, que comienza en la base de la columna cuando un hombre o una mujer empiezan a evolucionar con la sabiduría adquirida. Se ha descrito como fuego y luz líquida. Se trata del resultado final de unir la voluntad, el saber y la acción en el canal *nadi,* el cual circula a lo largo del conducto medular de la columna vertebral y está acompañado por el *Ida* y el *Pingala*, que cuando se pulsan despiertan el maná espiritual y el karma físico, armonizando la naturaleza inferior con la superior.

En concreto:

- El *Sushumna* (el sustentador del universo) es un canal *nadi*, que penetra en el eje cerebroespinal desde el perineo hasta el cráneo, y se asocia con ambos orificios nasales.
- *Ida* y *Pingala* son otros canales *nadi* que funcionan a lo largo del cordón *Sushumna*, y su constitución es semi-material, una positiva y otra negativa, como el sol y la luna. Aunque parten como Sushumna de la base de la columna vertebral, luego ascienden en espiral entrecruzándose en los chakras para terminar en los orificios nasales.
- Ida se representa como una línea carmesí, Pingala como una línea amarilla y Sushumna con una línea azul intenso después de una iniciación.
- El *kundalini* se encuentra enrollado en la base de la columna vertebral. Es la fuerza latente potencial del cuerpo humano. A través de la meditación, el kundalini se despierta, y se eleva desde el *chakra muladhara* a través del sushumna, dentro o al lado de la columna vertebral y llega a la cima de la cabeza. Esto conduce a diferentes niveles de despertar y de experiencia mística, hasta que finalmente llega a la parte superior de la cabeza, o *chakra sahasrara*, produciendo una experiencia mística muy profunda.
- Aunque la campana de la boca del chakra *sahasrara* está en la superficie del cuerpo etérico, el tallo nace en un ganglio o centro de la columna vertebral. La campana contiene la energía que fluye, y el tallo etéreo conecta la raíz del centro espinal con el chakra externo.
- Un fuego serpenteante fluye por los tallos y llega a la campana del chakra donde recibe la afluencia de la energía exterior. En ese momento la presión resultante del encuentro determina una radiación horizontal de ambas energías mezcladas.
- Ambas energías en su encuentro giran en direcciones opuestas. La energía primaria, masculina, con la

energía del *kundalini*, que es femenina, da como resultado el magnetismo personal que vivifica los ganglios o plexos, fluye por los nervios y mantiene la temperatura del cuerpo.

Al combinarse en su encuentro ambas energías, algunas de sus moléculas se entrelazan y la energía primaria es capaz de ocupar diferentes formas etéreas, formando generalmente un octaedro. Estos son cuatro átomos dispuestos en forma de cuadrado, con un átomo central en constante vibración hacia arriba y hacia abajo, y en el centro formando un ángulo recto.

Prana

Redefinido como "Vida", se trata del aire enriquecido que aporta energía completa, la fuente original de todas las formas de energía encontradas en nuestro universo tridimensional. Por ello el *Prana*, en combinación con la conciencia, se convierte en vida y cuando esta fuerza de vida se combina con la materia, tenemos las formas de vida que habitan el universo físico.

El Prana se puede almacenar y canalizar en nuestro sistema orgánico, colaborando con los chakras, los nadis, y el aura. El nivel de conciencia de cualquier forma de vida depende de la frecuencia del Prana para poder almacenar y canalizar por su sistema de energía sutil.

Esta absorción se realiza a través de la respiración y particularmente en días soleados. Cuando está nublado o por las noches, el hombre vive de las reservas acumuladas por los *nadis* en el interior de su cuerpo físico. De aquí que sea tan importante en la recuperación de muchas enfermedades, pues la alegría y el bienestar que produce la acción del sol, penetrando en todos los cuerpos, ayuda a la curación tanto como los medicamentos. Por ello, el ambiente de los hospitales, donde las manifestaciones de alegría están reprimidas, lo mismo que los colores vivos, sin el aire de la mañana y el sol de la tarde entrando por las ventanas, es el peor lugar para curarse.

Si bien se puede pensar que en verano y en días soleados esta energía está más disponible que en días de lluvia o en invierno, debemos tener en cuenta el aporte de las partículas elementales del aire que se encargan de distribuir la energía desde lugares en donde abunda hacia aquellos en donde escasea.

Otras energías

Además de las energías mencionadas con anterioridad, que regulan el bienestar del hombre, existe otra energía que penetra a través de dos chakras (cardiaco y plexo solar) que puede calificarse de psíquica y espiritual.
Esta energía que penetra por los chakras afecta a la conciencia humana básicamente. Los pensamientos, por ejemplo, ocupan un lugar en el espacio, y cuando se agrupan pensamientos de la misma índole, que viajan a la velocidad de la luz, se juntan en la atmósfera en un centro mental en el que quedan atraídos y crecen. El pensamiento unificado, es una forma muy potente para encauzar la energía.
En cambio, la materia astral es mucho más densa y genera nubes voluminosas de formas emocionales que reúnen intensos sentimientos en distintos centros, los cuales, a su vez, se funden con otros sentimientos similares. Los centros de pensamiento pueden generar sensaciones de ira o temor y nubes emocionales, así como sensaciones de furia y pánico al ser absorbidas por el chakra sin protección.
Pero también existen formas de sentimientos, tales como el amor y la devoción, que dispersos en la atmósfera se reúnen como sentimientos positivos que son absorbidos desde el chakra cardiaco.
La importancia de la influencia de estas energías es que el hombre las absorbe de acuerdo al estado de similitud con las mismas. Por ejemplo, si una persona sale a la calle con temor, se le pegarán a su cuerpo astral las nebulosas de formas emocionales de temor que flotan por su barrio y si no logra recobrarse de ellas, estas nebulosas descargarán a través del chakra su energía acumulada; por lo tanto, la persona degenerará su temor en pánico y perderá la cabeza, precipitándose al

peligro. Afortunadamente hay sensaciones benevolentes que entran en el cardiaco y compensan estas situaciones.

Nuestras emociones

Hay que tener en cuenta que existen cuatro emociones básicas con las que se construyen las demás: alegría, ira, dolor y temor. Es la combinación entre ellas y su aplicación en determinadas situaciones lo que genera nuevas emociones. La ira, el dolor y el temor no son negativos en sí, y no se sienten negativas cuando se les permite su expresión natural. Son los depósitos de energía bloqueados los que se perciben negativos. La ira, dolor y temor, son diferentes frecuencias del *Prana* que fluyen por el sistema de energía sutil.

Deberíamos imitar a los niños, que expresan sus sentimientos honestamente en cualquier circunstancia, y no dejarnos llevar por el proceso de ocultación que produce el bloqueo de masas de energía del tipo emocional en lugares inadecuados.
Si las personas expresaran sus emociones espontáneamente, en el momento adecuado, con ahorro de energía, no tendrían ningún problema; pues es la falta de movimiento de ésta la que nos produce presión en el lugar equivocado y es eso lo que nos duele.

Mecanismo liberador

Afortunadamente los chakras actúan como válvulas de seguridad en el sistema de energía sutil, pues al abrirse impiden la acumulación nociva de energía dentro de nuestro cuerpo y permiten que las emociones fluyan libremente a través del sistema.
Cuando desde la infancia se enseña a interrumpir la función natural de los chakras, alterándolos según las normas sociales, se crean nuevas generaciones que ven limitada la libre expresión de

sus emociones en tres puntos: la entrada, la salida y el traslado del Prana.

El cuerpo físico con el tiempo se torna muerto en parte y la persona resulta insensible. A pesar de que este bloqueo temprano del chakra resulte dañino para la persona, es posible revertirlo y sanarlo, recuperando las funciones del chakra en su plenitud.

CAPÍTULO 6

CÓMO PONER EN PRÁCTICA LA MEJORA DE LOS CHAKRAS

ANÁLISIS PREVIO

Los test que se incluyen a continuación son para realizar un auto-análisis que sirva para aumentar los centros de energía. Comprender qué pensamientos o problemas pueden causar que un chakra se desestabilice, es clave para la sanación.

Primera parte

Estas preguntas están relacionadas con el **chakra raíz**. Este chakra es la zona clave de la energía y se conecta a la vitalidad física y perseverancia, a la resistencia, al trabajo mental y es el centro que da pasión a la vida. El centro raíz es también la conexión con la existencia

1. ¿Está en buena forma física?
2. ¿Hubo o hay actualmente algún abuso insoportable (físico o verbal) en su vida?
3. ¿Es capaz de poner sus deseos en acción?
4. ¿Se encuentra confuso?
5. ¿Se realizan la mayoría de sus metas?
6. ¿Ha tenido alguna idea reciente de abandono, de "tirar la toalla"?
7. ¿Son el dinero y el hogar muy importantes para usted?

(Impares debería responder SÍ; pares, NO. Sume los puntos que deberían dar siete como cifra óptima. En la medida en que no sea así, será el indicativo del estado de su chakra raíz.)

Maneras de aumentar la energía y el poder del chakra raíz:

Incorpore actividades físicas tales como un programa de ejercicio o yoga. Las artes marciales son otra una buena opción.
Coma alimentos y bebidas de color rojo. Use o lleve piedras preciosas de color rojo. Las piedras rojas serían el jaspe rojo o el Rubí. Póngase ropa de color rojo y tenga objetos decorativos o paredes del mismo color en su vivienda.
Utilice aceites de aromaterapia como el sándalo, ylang ylang o enebro.
Practique o escuche música con ritmos profundos que hacen que el cuerpo se mueva.

Segunda parte

Estas preguntas están conectadas al **chakra** del **bazo**.
El chakra del bazo es el centro de la potencia, conectado con la sensibilidad y los sentimientos. Es el centro que le permite vivir conscientemente, en el "ahora". El centro del bazo es también el enlace para el entusiasmo, la felicidad y la alegría.

Revise su vida:

1. ¿Está emocionalmente estable o sus emociones van de un extremo al otro?
2. ¿Trata de ocultar o controlar sus sentimientos?
3. ¿Está su niño interior vivo, entusiasta y sin inhibiciones?
4. ¿Puede pensar en sus problemas sin sentirse angustiado o los restringe para no sufrir conscientemente?
5. ¿Sus relaciones sexuales son de amor y respeto y se encuentra cómodo con su pareja sin limitaciones como la frigidez o impotencia?
6. ¿Tiene una vida difícil en el momento actual?

Debería responder NO a las preguntas 2 y 6; SÍ al resto.

Maneras de introducir la energía y aumentar el poder chakra del bazo:

Baños aromáticos.
Gimnasia acuática.
Masaje de los tejidos profundos.
Películas emocionales y con buen final.
Hacer la comida uno mismo y cambio en el régimen.
Comer alimentos de color naranja y consumir bebidas naranjas.
Llevar siempre una piedra de color naranja o pieza de cobre. Las piedras anaranjadas serían el coral Cornalina.
La decoración y la ropa con abundancia del color naranja.
Utilice aceites de aromaterapia como melisa, naranja, mandarina...
Música con sonidos de agua corriente, viento, pájaros, etc.

Tercera parte

Estas preguntas están relacionadas con la energía del **chakra** del **Plexo Solar**.
El chakra amarillo es la conciencia mental, el poder mental Es el centro que rige la capacidad para aprender y comprender, gobernar el ego y la fuerza de voluntad. Es el centro del sol que emite el optimismo y la confianza.

Cuestiones a plantearse:

1. ¿Es demasiado intransigente con los demás?
2. ¿La capacidad de concentración es pobre?
3. ¿Le falta confianza y está demasiado preocupado por lo que piensen los demás de usted?
4. ¿Sus pensamientos son confusos y necesita demasiado tiempo para tomar decisiones?
5. ¿Asume demasiada responsabilidad porque piensa que lo puede hacer todo?

6. ¿Es perfeccionista y prefiere hacer cosas por sí mismo?
7. ¿Tienes miedo de estar solo?

Debería responder NO a todas las preguntas.

Maneras de aumentar el poder del Chakra del Plexo Solar:

Recibir clases, leer libros culturales, hacer rompecabezas mentales.
Desarrollar la memoria fotográfica.
Programas de desintoxicación emocional.
Comer alimentos y bebidas de color amarillo. Usar o llevar una piedra de color amarillo o dorada. Piedras amarillas serían citrino, ámbar, topacio. Decorar su casa y llevar ropa de color amarillo.
Utilizar aceites de aromaterapia como el romero, limón, pomelo, bergamota.
La música que sea mentalmente estimulante, así como campanadas. Toque algún instrumento musical.

Cuarta parte

Estas preguntas están conectadas a la energía verde del **chakra del corazón.**
Este chakra es la central eléctrica del corazón, que conecta con las emociones. Es el centro que permite amar y entregarse incondicionalmente. El centro del corazón rige las relaciones humanas. Es el centro de energía que integra la propia realidad física a la propia conexión espiritual.

Revise las cuestiones siguientes:

1. ¿Tiene baja autoestima o le falta amor propio para enfrentarse a los demás?
2. ¿Siente que no es digno de ser feliz?

3. ¿Está agobiado o le falta libertad?
4. ¿Está indeciso porque no puede tomar una decisión?
5. ¿Lo pasa mal cuando tiene que decir "no" a la gente?
6. ¿Tiene miedo de ser rechazado o abandonado?
7. ¿Es envidioso y celoso de lo que otras personas tienen?

Debería decir NO a todas las preguntas.

Maneras de aumentar el poder chakra del corazón:

Pasar más tiempo con la familia o los amigos.
Sentir placer por el auto-estudio. No debe buscar maestros, ni guías.
Lectura de novelas románticas o ver películas musicales.
Cenas con velas.
Comer alimentos verdes y consumir bebidas verdes. Usar o llevar una gema verde. Las piedras verdes serían la Aventurina, Esmeralda, Jade, Malaquita, Peridoto. Llevar prendas de color verde, pintar paredes verdes, objetos decorativos, etc.
Utilizar aceites de aromaterapia como el eucalipto, pino, árbol del té, menta verde, madera de cedro.
Música con sonidos de la naturaleza.

Quinta parte

Estas preguntas están conectadas a la energía del **chakra** de la **garganta**.
El chakra azul es la central de comunicaciones. Es el centro que maneja los mensajes entrantes y salientes. Es a través de este centro que se expresan nuestras opiniones y nuestras verdades.

Cuestiones a revisar:

1. ¿Es capaz de expresar sus creencias, su verdad interior?
2. ¿Tiene la capacidad de confiar en los demás, sin dudar?

3. ¿Tiene una buena organización y habilidades de planificación?
4. ¿Es capaz de liberarse de los viejos valores de la familia, las creencias y compromisos, especialmente en cuanto a su perfeccionamiento espiritual?
5. ¿Está preocupado con la seguridad financiera y sus posesiones?
6. ¿Es tímido y tiene dificultades para comunicarse o es demasiado hablador?

Debería responder SÍ a todas, menos a la 6.

Maneras de aumentar el poder del chakra de la garganta:

Poesía, o coleccionismo.
Conversaciones enriquecedoras.
Acudir a cursos de desarrollo personal.
Asistir a círculos y asociaciones espirituales.
A diario, relajar cuello y hombro.
Comer alimentos y bebidas azules. Usar o llevar una gema azul.
Piedras azules serían Sodalita, lapislázuli, zafiro, ágata azul.
Llevar ropa azul y decorar la casa con el mismo color.
Utilice aceites de aromaterapia como geranio, manzanilla, menta, ciprés.
Música repetitiva, como ecos o sonidos de las olas del mar.

Sexta parte

Estas preguntas están conectadas a la energía del **chakra** del **entrecejo**. El chakra índigo es la inteligencia intuitiva, el centro que se nutre de la conciencia universal. A través del tercer ojo pueden verse las cosas desde un potencial psíquico.

Cuestiones a revisar:

1. ¿Confía en su intuición e ideas?
2. ¿Es capaz de desarrollar sus habilidades psíquicas e intuitivas?
3. ¿Puede liberar sus miedos y ansiedades o se aferra a los pensamientos negativos?
4. ¿Es capaz de equilibrar su imaginación y reino de la fantasía con la realidad?
5. ¿Tiende a sentirse solo o está deprimido a menudo?
6. ¿Considera que tiene baja autoestima?

Debería decir SÍ a las 4 primeras y NO a las 2 siguientes.

Maneras de introducir la energía Índigo y aumentar la energía chakra del entrecejo:

Mirar las estrellas.
Meditación.
Desarrollar la intuición y las habilidades psíquicas.
Comer alimentos y bebidas color índigo. Llevar siempre una piedra preciosa índigo o joyas de plata. Piedras Índigo son amatista, turmalina, tanzanita. Ropa y decoración índigo.
Utilizar aceites de aromaterapia como pachulí, incienso, mirra.
Música como Mozart o Bach. Cantar. Recitar el mantra OM.

Séptima parte

Estas preguntas están conectadas a la energía del **chakra Corona**.
El chakra corona violeta es su conexión espiritual, el que le vincula con el cosmos para que pueda alcanzar su potencial más alto. Es la energía del saber interior y la iluminación.

Cuestiones a revisar:

1. ¿Está integrado con la conciencia divina?

2. ¿Confía en el universo y su realidad espiritual?
3. ¿Es capaz de equilibrar igualmente su espiritualidad con su capacidad de permanecer conectado a tierra?
4. ¿Permite que la energía universal fluya a través de usted para que tener una fuente inagotable de energía creativa?
5. ¿Es capaz de integrar la energía intuitiva con su intelecto, su energía femenina con su energía masculina?
6. ¿Le falta fe porque prefiere creer en sus propias habilidades?

Debería contestar SÍ a las 5 primeras y NO a la última.

Maneras de aumentar el poder del chakra corona:

Centrarse en los sueños y escribir las visiones e invenciones.
Contemplación silenciosa, meditación y yoga.
Escuchar cintas de meditación guiada.
Acudir a cursos espirituales.
Comer alimentos violetas y bebidas violetas.
El silencio es la música para la inspiración violeta, aunque puede utilizar cuencos de cristal.
Usar o llevar una piedra preciosa violeta o cristal de cuarzo.
Utilizar aceites de aromaterapia como lavanda, jazmín, magnolia.

CÓMO DAR ENERGÍA A LOS CHAKRAS

Todos los días nos estimulamos nuestros chakras de una forma u otra, por ejemplo, a través de los diferentes pensamientos que tenemos o físicamente a través de nuestros sentidos. Diariamente nuestros centros de energía, consciente o inconscientemente, a través de varios métodos están en continuo movimiento.
Esta es una relación de cómo se activan:

Pensamientos
El pensamiento es una forma de energía, pero debe ejercitarse de forma positiva para que sea eficaz, como por ejemplo a través del amor, la benevolencia, la empatía y el altruismo. No se trata de una cuestión moral, sino de lograr que nuestras vibraciones sean adecuadas para el equilibrio orgánico. Lo que hace daño al prójimo, nos daña a nosotros. Cada pensamiento (ya sea mental o emocional) está conectado a un chakra.

El Sol
Esta es nuestra fuente de energía más importante, pero ya hemos dicho que la energía solar no la podemos acumular, solamente utilizar sus efectos. A través del espectro solar, con sus siete colores básicos, equilibramos todos nuestros chakras. No hay un solo ser vivo en el universo que no se beneficie de los efectos del sol.

Alimentos
Cuando los rayos del sol llegan a los vegetales, les proporciona la vida mediante la fotosíntesis. Se trata de un proceso complejo, mediante el cual los seres vivos poseedores de clorofila y otros pigmentos, captan energía lumínica y transforman el agua y el CO_2 en compuestos orgánicos como la glucosa, liberando oxígeno, lo que da lugar a la formación de la materia viva.
Se recomienda equilibrar los chakras diariamente consumiendo alimentos que contengan los siete colores, o una mezcla de ellos.

Visualización
Nuestro cerebro es capaz de confundir al cuerpo con la imaginación, haciéndole creer en un mundo no real. La visualización de momentos de felicidad, mejor que de tristeza, nos ayudará a mejorar la vibración de un chakra determinado.

Minerales
Gemas y minerales también son formas de energía y se cree que pueden amplificar la energía. El uso de joyas de piedras

preciosas o la colocación de piedras preciosas y minerales en su entorno es una forma sencilla de absorber de la piedra o mineral las vibraciones curativas.

Color del agua
El agua es un conductor de la energía y el color es una energía, así que intente dar color al agua de su baño y emplee un aroma adecuado. No se olvide del agua azul en su bebida (envase azul oscuro), mejor si ha sido solarizada exponiéndola unos minutos al sol. El color azul del cristal aumenta los grados Kelvin de la luz solar, convirtiéndola en blanca.

Aromaterapia
Los aceites esenciales son la esencia concentrada de la planta o flor. Cada aceite tiene una vibración que se correlaciona con un color, además de poseer las propiedades curativas de las hierbas, flores o plantas. Utilice sólo aceites de calidad (los aceites terapéuticos de bajo costo pueden contener toxinas). Además, nunca se aplican directamente los aceites en la piel (diluya con un aceite portador o en un baño).

Música y Danza
Cada nota musical corresponde a un color y un centro chakra, y ciertos sonidos pueden estimular una respuesta emocional, mental, física o espiritual. Por ejemplo, escuchar o bailar con la música original, como el redoble de los tambores, puede dar energía a su cuerpo físico y estimular el chakra raíz.

Tonificación y sonidos
Sonidos especiales, como cuencos, campanas y naturaleza, suelen vibrar con la misma frecuencia que los diversos órganos de nuestro cuerpo.

Color

El resplandor de la luz a través de diferentes filtros de color directamente incidiendo sobre el cuerpo, produce vibraciones útiles.

Gafas de color
El uso del color a través de los ojos es un aporte inédito, pero extraordinario en su utilidad. A través de nuestro color de ojos se estimula la glándula pituitaria, que a su vez libera hormonas conectadas a diferentes órganos que vibran a la misma frecuencia. Hay que asegurarse que filtran los rayos UVA y UVB.

Decoración
Use colores en su hogar sabiamente pintados para darle más energía positiva y productiva. Pinte una habitación o añada diferentes almohadas de colores, obras de arte, alfombras, etc. Use colores relajantes en el dormitorio y estimulantes en su zona de trabajo.

Ropa
Lo que usamos influirá en nuestro estado de ánimo, la mente y el nivel de energía. Evite, especialmente, el color gris y el negro. La luz penetra a través de nuestra ropa y amplifica o disminuye la energía según el color que estamos usando.

Respiración
Hay una técnica ampliamente divulgada desde el año 1966, que se preconiza para unir la respiración y la energía (Prana) a través de la concentración en la respiración del orificio nasal unilateral alternado. Según las experiencias, se encontró un cambio en el hemisferio izquierdo como consecuencia de los ejercicios respiratorios del orificio nasal izquierdo, y viceversa. Este ciclo nasal puede demostrar ser algo muy poderoso para mejorar las actividades cerebrales. La especulación sobre ello es que si logramos dominar los hemisferios cerebrales, podremos llegar voluntariamente a un mundo anímico aún no explorado. La

conclusión es que respirar solamente por un orificio nasal estimula la actividad en el hemisferio del cerebro correspondiente, mientras frena el opuesto. Este hallazgo sugiere una posibilidad no-invasiva para el tratamiento de numerosos problemas de conducta y del humor.

Meditación Copper
Esta meditación emplea el sistema de fijar la atención en *Ajna* (ojo de la mente, directamente detrás del centro del entrecejo), acoplada con un proceso de visualización de respiración y contando hacia atrás. El método es sumamente eficaz para aplanar las ondas cerebrales, sincronizando los hemisferios, y permitiendo que el parasimpático desarrolle ramas al sistema nervioso autónomo para ganar rápidamente energía.

La idea es lograr la integración de ambos hemisferios cerebrales como factor necesario para la verdadera meditación.

El hemisferio izquierdo representa *Pingala*, el Sol, los procesos racionales, y los verbales; mientras que el hemisferio derecho es lo opuesto, *Ida*, la Luna, los procesos intuitivos y no-verbales.

Con esta meditación cuidamos del hemisferio izquierdo contando hacia atrás silenciosamente, en sincronía con el ciclo respiratorio, de 10 a 1. Puesto que tendemos a contar adelante automáticamente, obligamos al cerebro izquierdo a que modifique sus aprendidas lecciones.

El cerebro derecho estará ocupado visualizando luz blanca (o luz azul o amarilla, si se prefiere) entrando en Ajna, también en sincronización con la respiración.

Cuando ambos hemisferios tengan su corteza sensorial libre, debemos presionar encima de la región del entrecejo con una pequeña moneda, como de 5 céntimos.

La moneda se convierte en un dispositivo de retroalimentación biológica extraordinario y barato que supervisa la tensión del músculo de la frente, reduciendo la intensidad de los dolores de cabeza donde el dolor es constante. Esto en realidad es un instinto del organismo, pues todos nos presionamos la cabeza cuando nos duele para mitigar el dolor.

El hueso frontal de la frente es la única área en el cuerpo donde se puede lograr un efecto de succión que cree vacío.

Paso a paso:

1. Ponga la base de la moneda entre las cejas, sólo en la raíz de la nariz, sujetándola con un dedo índice.
2. Déjela resbalar para situarla bruscamente en el centro de la frente.
3. Empuje la moneda firmemente en la frente con el dedo índice y entonces quite el dedo.
4. La moneda se quedará ahora en esa misma posición siempre que mantenga el músculo frontal relajado y continuará quedándose allí durante toda la meditación. En el caso de que contraiga los músculos de la frente, voluntaria o involuntariamente, la moneda se caerá y deberá comenzar de nuevo.

Si se relaja suavemente y se concentra en mantener la moneda en esa posición, se entrenará en un buen sistema para relajar los músculos en esa área. Los dolores de cabeza tienden a estar ocasionados por problemas vasculares (incluso la migraña) o como un dolor impreciso que se asemeja a llevar una venda muy apretada alrededor de la cabeza. Este último tipo, los dolores de cabeza por tensión, responden bien al uso de la moneda como método de retroalimentación biológica.

Cuando estemos listos para considerar que el sistema implica dominar correctamente la respiración, y una vez puesta la moneda en el lugar adecuado, hay que concentrarse en la respiración natural que fluye hacia, por, y fuera de los orificios nasales. Cuando la respiración está ya estabilizada, en lugar de concentrarse ya en cada inhalación, visualice la energía (blanca, azul o oro) fluyendo a su orificio nasal mediante ese Tercer Ojo que ahora puede sentir gracias a la sensación de la moneda situada en la frente.

Cuando exhale, imagine la fuente de energía coloreada del Ajna apuntando abajo y fuera de su orificio nasal izquierdo. Cuando perciba esta marcha atrás notará que los flujos de respiración entran en el orificio nasal izquierdo a la moneda, y en la exhalación subsecuente, salen fuera por el orificio nasal derecho. Numere esta operación como Diez y habrá completado ahora el primer ciclo. Continúe el procedimiento, y en la realización de la ronda mentalmente diga "Nueve,", y así sucesivamente hasta que alcance "Uno", punto en el cual empezará de nuevo con "Diez."

Esta sucesión de cuenta atrás se hace para que la duración de la meditación sea entre veinte a treinta minutos y hay que evitar que pierda la cuenta. Si lo hace así, conseguirá corregir tanto el sueño inoportuno del mediodía, como el pertinaz insomnio de la noche. En el caso de que pierda la cuenta y perciba que ha perdido la concentración, simplemente escoja cualquier número que crea es el que corresponde, o empiece desde el principio. Contar es solamente un dispositivo pensado para "recortar" la actividad del cerebro izquierdo.

Resumen

1. Prepárese en una postura de meditación tipo Yoga, en una silla o el suelo.
2. Ponga la moneda en la marca del chakra Ajna. (Nota: si la moneda se cae durante la meditación, no intente recuperarla, y continúe manteniendo el ritmo con la respiración).
3. Mientras se da cuenta de la presión táctil de la moneda contra su piel en Ajna, también se dará cuenta de la respiración que fluye a través de los orificios nasales.
4. Empiece a enfocar exclusivamente los movimientos de respiración en el orificio nasal derecho, y luego exclusivamente en el orificio nasal izquierdo, rastreando el movimiento de aire con un color imaginado (azul, por ejemplo).

Cuando esté abajo cierto tiempo vuelva a Ajna. Cuente de diez a uno y repita.

Ventajas de la meditación

Después de varias semanas de práctica conseguirá prescindir ya de la moneda, aunque psíquicamente la percibirá allí cada vez que quiera relajarse y meditar. Como consecuencia, podrá entonces inducir este estado especial de conciencia en cualquier parte: en el autobús, en la oficina, el hogar, etc.

Activación mediante mantras

La recitación de mantras es una práctica común en el hinduismo y el budismo. El mantra es un texto de significado sagrado que crea estados de conciencia alterados propicios a la meditación y favorece una iluminación más temprana. El *mantra* es utilizado por los laicos de estas religiones para multitud de funciones, no sólo espirituales. Para muchos practicantes budistas e hinduistas, el mantra posee una dimensión mágica: salva de peligros, ayuda en las enfermedades, consuela en las desgracias y ayuda a superar multitud de problemas cotidianos. La práctica del mantra eleva la espiritualidad del individuo, le ayuda a serenar su alma y corrige disfunciones del carácter o del comportamiento.

Cada deidad posee su propio mantra o frase característica que la invoca y ayuda al individuo a equipararse con el factor regido por esa deidad. Así, el mantra más conocido es, tal vez, "OM Mani Padme HUM", pronunciado de forma diferente según la lengua utilizada -sánscrita o tibetana más frecuentemente- y que todos en el Tíbet conocen como "mani". En nuestro idioma puede traducirse por "OM, la joya sobre el loto HUM", donde el significado místico de la joya y el loto se refiere a la compasión de Buda reposando sobre la sabiduría y evoca el momento en el que alcanzó la iluminación.

Las sílabas OM y HUM no poseen traducción y representan sonidos que conectan a la persona con dimensiones universales. Este es un mantra definitivo que desarrolla una gran capacidad de compasión con todo el género humano. El sentido budista de la compasión es el "amor universal", por el que podríamos traducir el mensaje de Jesús en el cristianismo, al menos, a grandes rasgos.

Aunque el mantra debe ser transmitido por un gurú de elevada preparación en un "wang" o iniciación para que resulte plenamente efectivo, aquellos que no hayan recibido este preciado don pueden recitarlo igualmente para ayudarse en la elevación de su espíritu y utilizarlo tras la meditación para una perfección más firme.

Los Chakras pueden ser controlados, regulados y armonizados a través de un juego sistemático de mantras como se enseña en el Yoga.

Los Chakras tienen un flujo de energía mínimo que es mayor o menor según el estado individual de desarrollo, y el objeto de los mantras es equilibrar progresivamente el rendimiento de energía de estos centros.

Los mantras de una sola sílaba se asocian a cada uno de los siete chakras. El mantra OM, pronunciado de forma que la "m" dure unas tres veces más que la "o", de forma repetida, igualando la duración de la respiración a la del mantra, es de eficaz ayuda para amplificar la conciencia, alcanzar mejor visión de la realidad y desarrollar la capacidad intelectual de la persona.

Los mantras se pronuncian de forma rápida, acompañados muchas veces de la visualización de sus sílabas o de sus significados, un total de 7, 21 ó 108 veces. Para no desviar la concentración de la visualización, se emplean las "malas" o rosarios de mantras, de 108 cuentas, más una adicional que no se cuenta. La recitación de mantras es una vía hábil y fructífera para que los efectos de la meditación sean duraderos y para incrementar la espiritualidad, potenciando la energía de los chakras.

Ejemplo:

RIN (Dokko in)
Representa a la divinidad Bishamon Ten y es el signo del Vajra meteórico tibetano.

La palabra a recitar es ON BAI SHIRA MAN TA YA SOWARA.

Es el símbolo del poder de la sabiduría y el puro conocimiento que destruye la ignorancia y la imperfección. Se usa para atraer la fortaleza que nos permitirá resistir las pruebas físicas y mentales y que ésta prevalezca sobre todo lo que se pueda destruir. Sus efectos, pues, son devolver la fuerza y la actividad a través de los elementos de la naturaleza, dirigidos por la acción mental. RIN faculta para soportar todos los inconvenientes que conlleva la supervivencia y proporciona un buen control mental. Se puede utilizar para activar cualquier chakra, aunque es más eficaz para el primero o Muladhara.

ACTIVACIÓN SEGÚN EL LUGAR

En el hogar

Nuestro hogar es nuestro primer chakra externo, pues es la manifestación externa de nuestro espacio interior. Vivimos de igual modo a como sentimos. ¿Es nuestro hogar un lugar confortable para vivir, dotado de alegría y cariño? ¿Es acogedor para sus moradores y los invitados? ¿Nos gusta pasar mucho tiempo allí o se necesita salir con frecuencia porque nos ahoga o nos induce al pesimismo? ¿O tal vez nos sentimos allí seguros y apenas queremos salir al exterior?
Si la opción es favorable al hogar, es el momento de hacer las adecuadas reformas y ceremoniales gracias a las cuales se convierta en un lugar más agradable para vivir. Hacer la limpieza de los armarios (o cambiarlos de sitio), del trastero o del balcón. Pintar algunas habitaciones de colores diferentes, sin miedo a la intensidad, especialmente el dormitorio y el salón, pues en ellos se pasa la mayor parte de la vida. No se olvide arreglar las cosas deterioradas hace tiempo, los enseres de la cocina, construir una estantería o arreglar el jardín. Ocúpese ahora en esas tareas materiales que forman parte de su espacio físico.

Los negocios

También son expresión del primer chakra. Lo que convenga hacer para mejorarlos puede variar mucho, aunque algunas de las tareas más elementales serán, sin duda, archivar, reorganizar su escritorio o los archivos. Puede que necesite una nueva inversión, o una puesta al día o atender a los clientes de modo diferente. Es interesante que modifique los impresos, el modo de solicitar una entrevista, elaborar un cuadro de vencimientos próximos, disponer algún dinero para la publicidad, inaugurar una nueva oficina, contratar un nuevo empleado o invertir algún dinero en mejoras, aunque sea simplemente con pintura.

La intención general consiste en mejorar nuestra vinculación con el negocio centrando nuevamente la atención y aumentando la capacidad de aquél, en tanto que es el fundamento de nuestra existencia material.

El dinero

Si no se dispone del dinero necesario, seamos realistas, posiblemente no se logre la felicidad. No escuche a quien asegura, desde su opulencia, que el dinero no da la felicidad. No obstante, no hay que olvidar que aquello que para uno es vital, para otro es superfluo.
Cada uno administra sus ingresos de modo diferente. Hay quien ahorra y quien gasta, quien prevé el mañana y quien vive el presente. De todas maneras, analizar los gastos e ingresos es imprescindible. Un pequeño ajuste puede dar, especialmente, tranquilidad.
Hay que saber cuáles cosas son imprescindibles y qué dinero se necesita para sigan estando en nuestras vidas. No crea que la mayor parte del dinero tiene que ir para la alimentación, pues los alimentos más baratos suelen ser los más saludables y nutritivos. No confunda calidad con precio. Hay que revisar también las salidas a espectáculos, las casas de comida, los gastos fijos de la casa, la vestimenta, libros, etc.

El patrimonio

Hay que procurar revalorizar las pertenencias, y para ello deberá cuidarlas mejor. Arregla las pequeñas cosas, como el interruptor de la luz o la pintura de los muebles. Visitar más frecuentemente las rebajas y comprarse aquello que se deseaba desde hace tanto tiempo. Elaborar una lista de las cosas que desearía tener en el futuro y marcarse prioridades. Se puede invertir el dinero en cosas que duran apenas una hora (como una comida en un restaurante de lujo) o emplearlo en tener en casa esa película que tanto gustó y que podrá ver tantas veces como quiera. Recuerde para qué se quiere esas cosas, lo que se debe hacer para conseguirlas y cuándo le gustaría tenerlas, pues hay cosas que no se pueden adquirir inmediatamente (por ejemplo, un coche, una vivienda nueva, un nuevo trabajo.)

La familia

La familia de nacimiento fue el primer cordón umbilical que garantizó la supervivencia. ¿Ha intentado mejorar su relación o siempre se lo exige a los demás? ¿Es de los que protestan mucho o de los que arreglan? Tus mayores son tus raíces y Muladhara significa raíz, por lo que quizá quiera establecer la genealogía de su familia, celebrar un ritual en recuerdo de sus predecesores, o visitar a ese familiar veterano que nos recuerde la niñez. ¿Se da cuenta de lo poco que atendemos moralmente, y en ocasiones económicamente, a nuestros ancianos? ¿Eres de esos que creen que los mayores no necesitan casi nada para ser felices? No basta con que nos vean felices; ellos también necesitan cubrir sus necesidades afectivas. Por otra parte, si la familia ha sido tremendamente negativa, tal vez el trabajo más idóneo consistiría en suspender las relaciones durante una larga temporada, o recurrir a un terapeuta para la reforma de esas pautas familiares. La distancia no siempre es el olvido, como dice la canción, sino en ocasiones la mejor cura.

La Tierra

Es el elemento esencial de este chakra, y la misión que nos hemos planteado aquí es la de tomar mejor fundamento mediante la conexión con la tierra. Para ello, nada más fácil que darse un paseo por el parque, pisar el césped con los pies descalzos, o dedicarse a cuidar la naturaleza. Para esto no necesita estar involucrado en una causa ecologista, pues replantar un árbol o arreglar una flor que está pisoteada, no necesita de la colaboración de nadie. Aprenda jardinería, o trabaje en el huerto de un amigo, o dedíquese a trasplantar las flores en macetas mayores. No puede arreglar el mundo, pero sí puede mejorar los pequeños elementos naturales de los alrededores. Emprenda una excursión, mochila a la espalda, recorriendo paisajes naturales. Visite un museo geológico, emprenda una colección de minerales, construya un altar de piedras y plantas. Sencillo y económico.

En resumen

Todas estas tareas contribuyen al mismo fin. Poco adelantaríamos si nos planteáramos un régimen alimenticio, pero no la práctica regular de un ejercicio físico, o si abordásemos un trabajo físicamente fatigoso sin concedernos un masaje o algún tipo de recuperación corporal. No sea de esos que creen que la salud se puede lograr solamente tomando pastillas o plantas medicinales. Nada en este mundo puede lograrse de modo sencillo. En tales condiciones el trabajo sobre el primer chakra se nos antojaría simplemente desagradable y nada más. Esforzarse más, pero sin dar su tiempo a la tierra, al cuerpo, no aporta ningún equilibrio al primer chakra.
Obviamente, las sugerencias expuestas aquí aseguran qué hacer para un año o más, pero no son sino sugerencias y se puede elegir las que parezcan más adecuadas con arreglo al tipo de vida. Hay que intentar hacer al menos un par de cosas en cada una de las categorías reseñadas, a fin de redondear bien la práctica de los chakras.

Printed in Poland
by Amazon Fulfillment
Poland Sp. z o.o., Wrocław